LORD
HERBERT DE CHERBURY

SA VIE ET SES ŒUVRES

PARIS. — IMP. SIMON RAÇON ET COMP., RUE D'ERFURTH, 1

LORD
HERBERT DE CHERBURY

SA VIE ET SES ŒUVRES

OU

LES ORIGINES DE LA PHILOSOPHIE DU SENS COMMUN
ET DE LA THÉOLOGIE NATURELLE
EN ANGLETERRE

PAR

CH. DE RÉMUSAT

Membre de l'Institut

PARIS
LIBRAIRIE ACADÉMIQUE
DIDIER ET Cie, LIBRAIRES-ÉDITEURS
35, QUAI DES AUGUSTINS, 35

1874

Tous droits réservés

PRÉFACE

Il faut bien le reconnaître, la religion naturelle n'est pas en faveur aujourd'hui. Au commencement de ce siècle, elle semblait destinée à rester la foi dernière des esprits atteints par les opinions du temps, et comme l'élément le plus durable, le plus réel des croyances encore chrétiennes. Elle tend aujourd'hui à n'être plus qu'une idée qu'on trouve dans les livres. Le nom même qu'elle porte, malgré la protection de saint Augustin, est accusé de mensonge, et la chose est attaquée, non-seulement, ce qui se peut concevoir, par l'intolérance spéculative d'une certaine théologie, mais par le naturalisme excessif, où de plus en plus la science semble se complaire.

Les attaques de l'Église peuvent être imprudentes ; Leibniz, du moins, en aurait jugé ainsi. Le maître de la théologie, saint Thomas, n'en avait pas donné l'exemple ; Fénelon et même, je crois, Bossuet n'en auraient pas donné le conseil. Mais enfin il est permis à la révélation d'être exclusive, et les retours inespérés de la foi antique peuvent expliquer une confiance extrême dans l'esprit d'autorité, et le dédain des secours qu'il peut attendre de l'esprit d'examen. L'hostilité de la science contemporaine et d'une philosophie, qui s'est faite sa complice, se motive moins aisément. Elle est flagrante pourtant et déclarée. Le positivisme, à ne le chercher que dans les écrits de son fondateur, professe une inimitié particulière pour toute croyance rationaliste. Auguste Comte traite avec beaucoup plus de mépris et d'aigreur ce qu'il appelle l'âge métaphysique de l'humanité que l'âge théologique qui le précède. Il trouve plus naturelle et plus saine la déférence aux traditions historiques que l'adhésion aux spéculations de la raison, quand il s'agit de choses invisibles. Naguère, un médecin jeune et zélé mourait en Orient dans le cours d'un voyage où le guidaient la science et l'humanité. Un livre paraît aussitôt pour servir de monument à sa mémoire, et son savant panégyriste nous dit en termes formels et comme avec éloge : « Il est mort sans préjugés métaphysiques [1]. »

Sans préjugés métaphysiques ! cela veut dire qu'il ne croyait pas ce que croyait Voltaire, et se gardait bien d'attribuer à l'idée d'une vérité éternelle une autre origine que le jeu fortuit d'organes périssables. Il est mort en méprisant Socrate et Caton.

[1] Voyez le *Voyage scientifique de M. le docteur Godard*, publié sous les auspices du savant M. Robin.

Je ne puis me résoudre à tant d'indifférence, ou d'arrogance, ou de timidité. Je persiste dans la prétention des hommes de la Renaissance au droit de philosopher librement, car c'est me dénier ma liberté que de me contester jusqu'à la faculté de réfléchir aux questions mystérieuses qui s'élèvent à l'origine et au terme de la vie humaine. C'est outrager la raison, source de tout vrai savoir, que de lui disputer l'usage le plus noble et le plus constant qu'elle ait fait d'elle-même. Aurait-elle attendu tant de siècles pour apprendre du nôtre qu'elle n'est faite que pour cette terre et que le reste du monde doit être pour elle comme s'il n'était pas ?

Lord Herbert de Cherbury peut être regardé comme le fondateur de la religion naturelle en Angleterre. Bacon en avait bien admis l'idée qui n'était pas inconnue même du moyen âge, mais nul ne l'avait conçue et développée comme une doctrine, telle enfin qu'on la trouvera dans les ouvrages qui vont être l'objet de notre examen. L'esprit sincère et hardi de l'auteur a tenté la démonstration d'une théodicée universelle qui fût née, qui eût vécu, qui eût grandi avec l'esprit humain. Son exemple a pu donner naissance à cette tradition de déisme raisonné, d'unitairianisme évangélique, ou de christianisme sans miracles qui, dans la première moitié du dix-huitième siècle, parut sur le point de dominer en Angleterre. Son argumentation suppose des recherches historiques d'une certaine étendue et ne paraît pas dénuée de quelque solidité. Cependant elle a encouru de plausibles critiques, et nous attachons un beaucoup plus grand prix à la philosophie générale sur laquelle elle repose. Cette philosophie, considérée indépendamment de toute théologie naturelle ou révélée, mérite toute l'attention de ceux qui s'intéressent à l'histoire des théories et des systèmes. Herbert a cru retrouver dans l'esprit humain, à toutes ses époques, sous toutes ses formes, un certain nombre d'idées fondamentales, permanentes, éternelles, qui lui sont comme nécessaires, qui résultent de sa constitution même, et qu'il regarde comme les lois de l'intelligence, comme les instincts de la raison. Ce serait la *perennis philosophia* de Leibniz. En donnant le nom de *notions communes* aux principes dont elle se compose, en cherchant à en déterminer l'origine, le nombre et la valeur, Herbert a créé pour son compte la philosophie du sens commun plus d'un siècle avant les Écossais, et d'une manière peut-être plus scientifique et plus rigoureuse qu'ils ne l'ont fait après lui. C'est cette doctrine si utile au contrôle et à la vérification de toutes les autres que nous avons eu surtout pour but d'exposer et d'apprécier dans cet ouvrage.

Herbert, cependant, n'aurait pu remplir de son nom tout un volume, si sa biographie n'avait pas dû trouver place à côté de sa doctrine. On sait qu'il avait écrit des mémoires, retrouvés cent ans après lui, et qui ont fait connaître le personnage, quand on commençait à oublier l'écrivain. On y apprend que si son esprit était d'un philosophe, sa vie n'était rien moins que philosophique. Elle ne rappelle en rien celle des héros de Diogène Laërce. C'est le tableau des aventures d'un gentilhomme de cape et d'épée, que la cour, la guerre, la diplomatie, les assemblées délibérantes ont sans cesse arraché aux travaux de cabinet, et tandis que Descartes ne nous dit un mot de ses campagnes que pour raconter comment il conçut dans un de ses quartiers d'Allemagne la pensée d'une conquête plus haute et plus vaste que celle d'une province, Herbert se complaît à détailler toutes ses fortunes de guerre ou de galanterie et se montre aussi jaloux de sa renommée dans l'escrime ou l'équitation que de sa réputation de penseur et d'écrivain. Heureusement, son récit est aussi piquant que le narrateur est original, et il forme un prologue curieux par le contraste à l'exposition du système d'un philosophe qu'on a de son temps rapproché de Bacon et que Locke respectait encore en le réfutant, sans réussir à lui donner tort.

Peut-être trouvera-t-on quelque intérêt à connaître la vie et la doctrine d'un méditatif qui, pour arriver à penser en philosophie comme le jésuite Buffier et le pasteur de village Reid, a passé par les camps, la cour d'Élisabeth, celle des Stuarts, celle de Louis XIII, et le Long Parlement.

LORD HERBERT DE CHERBURY

CHAPITRE PREMIER

LORD HERBERT DE CHERBURY — SA VIE

« O heureuse Angleterre, écrivait Gassendi, en 1634, d'avoir, après que Verulamius s'est éteint, suscité ce nouveau héros[1]. » Le héros qui arrachait ces exclamations au plus renommé peut-être alors des philosophes français était lord Herbert de Cherbury, qui lui avait envoyé son traité *de la Vérité*. Ce nom ne réveille

---

[1] P. Gassendi, *Opusc. phil.*, *Op. omn.*, t. II, p. 411.

pas dans l'esprit des lecteurs le souvenir d'une grande renommée, et peut-être même serait-il devenu tout à fait obscur, peut-être serait-il oublié, si la découverte des mémoires manuscrits de l'homme qui le portait n'eût, dans la seconde moitié du dernier siècle, appelé sur sa personne et sa vie un intérêt de curiosité qui a pu remonter jusqu'à ses ouvrages. Mais si cette circonstance unique peut-être dans l'histoire de la philosophie a été le premier motif de l'attention complaisante que nous leur avons prêtée, nous ne pouvions tarder à voir qu'ils la méritaient par eux-mêmes ; la part que nous allons faire à lord Herbert pourra sembler disproportionnée, mais non pas cependant arbitraire et fantasque. On sait déjà que ses écrits peuvent être regardés comme les débuts de la philosophie du sens commun et de la théologie naturelle, qui n'ont pas joué un rôle médiocre en Angleterre ; c'est dire qu'on y trouve à la fois la première forme d'un système qui doit être le fond de toute philosophie élémentaire, — et c'est là pour nous le plus intéressant ; — puis, un des premiers témoignages, une des premières origines d'un état d'esprit destiné à se reproduire souvent dans le cours des agitations religieuses d'un pays qui, en cette matière, a peu connu l'indifférence. C'était donc une double occasion de nous expliquer sur des points fort importants ; car nous n'avons oublié ni les leçons de Reid, si grand partisan du sens commun, ni celles de Leibniz, qui faisait si grand cas de la religion naturelle. On comprendra ensuite comment l'intérêt de l'œuvre nous a ramené à la vie de l'auteur, comment nous avons cédé à la tentation d'opposer à l'analyse de l'une le récit de l'autre, et de faire encore de la psychologie descriptive, en montrant dans un philosophe le plus frappant exemple des disparates de la nature humaine.

Horace Walpole était un amateur de raretés en tout genre. Le hasard lui fit retrouver dans les mains de lord Powis, héritier des titres de lord

Herbert[1], une autobiographie inédite de ce dernier, et elle devint bientôt une des productions de son imprimerie de Strawberry Hill[1]. Le spirituel éditeur y joignit une préface et des notes, et recommanda par son suffrage et ses promesses ce récit où le lecteur devait « trouver avec surprise

[1] Richard, petit-fils de Matthew Herbert, oncle du nôtre, épousa la sœur du quatrième lord de Cherbury. Leur fils Henri Arthur, le contemporain de Walpole, étant devenu l'aîné de la famille, eut le titre en 1743, et le changea cinq ans après contre celui de comte de Powis, à la suite de son mariage avec sa cousine, fille de lord Édouard Herbert et nièce du marquis de Powis, dont la pairie s'était éteinte. Ses titres furent alors : comte de Powis, vicomte Ludlow, lord Herbert de Cherbury, baron Powis et Ludlow, trésorier de la maison de Sa Majesté.

[1] Le manuscrit fut d'abord conservé à Lymore, qui devint, dans le comté de Montgomery, le manoir de la famille après que Montgomery Castle eut été démoli par Cromwell. Le titre est : *the life of Edward, lord Herbert of Cherbury, written by himself*. Strawberry, 1764. Il y a eu encore trois éditions : Londres, 1770 et 1826; Edinburgh, 1809. L'ouvrage est dédié par Walpole à lord Powis. Il n'est pas fini, et s'arrête vingt-quatre ans avant la mort de l'auteur. Une continuation jusqu'à cette dernière époque a été ajoutée dans l'édition d'Edimbourg attribuée à sir Walter Scott. Cet ouvrage n'a été longtemps mentionné en France que dans les *Archives littéraires*, tome XVI. Depuis, diverses revues en ont parlé, et M. le comte de Baillon en a donné en 1863 une excellente traduction imprimée avec luxe.

que l'histoire de don Quixote fût la vie de Platon. »
C'est dans cet ouvrage, le compte le plus extraordinaire peut-être, dit encore Walpole, qu'un homme sage ait rendu de lui-même, que nous devons chercher la vie de lord Herbert. Ce n'est pas, il s'en faut, celle d'un philosophe, et ses actions n'ont pas toujours été de nature à recommander ses doctrines. Un grand seigneur qui écrit sur la métaphysique est toujours un personnage fort rare. Il l'est encore davantage, s'il conserve avec les goûts philosophiques les mœurs et les préjugés de son état, s'il est, en même temps qu'un faiseur de systèmes, un coureur d'aventures chevaleresques, s'il unit à la curiosité d'esprit commune au commencement du dix-septième siècle la hauteur querelleuse d'un gentilhomme de la même époque, s'il est à la fois un savant et un *raffiné*, le correspondant de Grotius et de Gassendi et l'ami de Montmorency et de Buckingham. Tel fut lord Herbert de Cherbury, à le juger sur son propre témoignage. Dans sa ma-

nière de parler de lui, la vanité même ne laisse aucun doute sur la sincérité, et ses prétentions seraient quelquefois les confessions d'un autre.

Il commence son récit en exprimant le regret que ses ancêtres n'aient pas consigné par écrit les souvenirs et les réflexions de toute leur vie. De tels mémoires, conservés dans les familles, feraient profiter aux enfants l'expérience des pères. Quant à lui, il a peu de chose à dire des siens. Il était né chez sa grand'mère maternelle, à Eyton, dans le comté de Shrewsbury, en 1582, sous le règne d'Élisabeth[1], et il avait huit ans, quand mourut son aïeul à qui son père ne survécut que quatre années. Il sait seulement qu'ils avaient la barbe et les cheveux noirs, un air de force et une mâle beauté, tous les signes de courage et d'énergie, et il n'a recueilli sur chacun d'eux

[1] On place ordinairement sa naissance en 1581. Il ne donne pas cette date dans ses mémoires; mais il dit qu'il se maria à quinze ans en 1598, ce qui placerait sa naissance au plus tôt en 1582. Car si l'on suppose qu'il est né avant Pâques 1582 (V. S. 1581), il pouvait n'avoir pas seize ans au commencement de 1598.

que le souvenir de quelques prouesses dignes des compagnons de Richard Cœur de lion. Les Herbert sont d'un sang noble, c'est-à-dire que leur nom figure dans les fastes de la pairie des trois royaumes [1]. Un fils naturel du roi Henri Ier, du nom significatif de Fitz-Roy, ou un chambellan du même prince, appelé Fitz-Herbert [2], fut le premier ancêtre de William Herbert, lord de Ragland, qui vivait sous Édouard IV et fut crée comte de Pembroke. Décapité en 1470, sa pairie s'éteignit sur la tête de son fils, et ne fut renouvelée qu'en 1551 sur celle de son petit-fils William, un moment lord Herbert de Caerdiff [3]. Son frère, sir Richard

[1] Je crois qu'il y a maintenant trois pairs du nom de Herbert : lord Pembroke dont la pairie est de 1551, lord Carnarvon, et lord Powis. Sydney Herbert, qui a été plusieurs fois ministre, était frère du comte de Pembroke, et est mort avec le titre de lord.

[2] Fitz-Herbert était le mari d'une maîtresse de Henri Ier, dont il était chambellan et son fils Herbert Fitz-Herbert (ou Fitz-Roy) fut chambellan du roi Étienne.

[3] Fils de sir Richard Herbert Ewyas, fils peut-être légitime du premier lord Pembroke.

Herbert de Colebrook, exerçait comme lui avec rigueur dans les comtés de Cardigan et de Montgomery cette justice armée, cette police seigneuriale qui était dans les droits et les mœurs de la noblesse saxonne ou normande au milieu des populations galloises. En d'autres termes, il continuait de poursuivre comme des rebelles ou des sauvages et à contenir par la force, dans l'intérieur du pays de Galles, tout ce qui des anciennes peuplades bretonnes ne s'était pas plié au joug de la civilisation anglo-normande. On racontait de lui des exploits chevaleresques. On disait que, la hache à la main[1], lui et son frère avaient traversé deux fois sans blessure toute une armée venue du Nord. Un jour qu'avec lord Pembroke, il donnait la chasse à des bandes du haut pays, ils prirent dans l'île d'Anglesey sept frères convaincus de toutes sortes de

---

[1] La *poll axe*, au lieu de *pole axe*, hache au long manche, arme favorite des nations du Nord, analogue à la *guisarme* des Normands. *Rou*, I, v. 12907, 13451.

crimes. Pembroke venait d'ordonner qu'on les pendît, lorsque leur mère accourut et le supplia de faire grâce à deux ou du moins à un de ses fils. Sir Richard appuya cette prière, que son frère rejeta par le motif qu'un choix était impossible entre de tels misérables, et la mère, qui portait à son bras deux rosaires de laine [1], se jetant à genoux, maudit l'impitoyable lord en priant Dieu qu'il pérît à son premier combat. Peu après, à la journée de Banbury, au moment où les deux frères, ayant pris les armes pour le roi Édouard IV contre des partisans de Henri VI, venaient de mettre leurs soldats en ligne, l'aîné aperçut Richard appuyé sur sa hache d'armes. Son air était pensif et mélancolique. « Quoi ! lui dit-il, ce grand corps (il était de haute taille [2])

---

[1] *A pair of woollen beads on her arms, for so the relation goeth.* (*The Life*, p. 14.)

[2] On dit qu'il existe encore dans une salle du château de Montgomery un crochet de fer où Richard était dans l'usage de suspendre son chapeau en venant dîner, et où n'atteindrait pas un homme qui ne ferait que dépasser la taille ordinaire. Voyez

1.

ce grand corps a-t-il peur, pour que tu sembles si triste, ou la fatigue de la marche te force-t-elle à te reposer sur tes armes?—Rien de semblable, répondit Richard, et vous le verrez tout à l'heure. Je n'ai de crainte que pour vous. Puisse ne pas tomber sur votre tête la malédiction de la femme aux rosaires de laine! » On prétend que Richard tua de sa main ce jour-là cent quarante combattants. Mais les deux frères, pris dans la bataille, eurent la tête tranchée.

Le fils du plus jeune, un autre sir Richard, gardien sous Henri VIII des marches du pays de de Galles, continua à pratiquer énergiquement cette police guerrière, emploi héréditaire de la famille. Son fils Édouard, après avoir commencé par la cour, suivit le métier des armes, combattit à Saint-Quentin et dans les guerres civiles de l'Angleterre. Retiré plus tard dans son comté de Montgomery, il y était l'effroi des

sur ces diverses traditions l'article *Monmouth* des *Worthies of England* de T. Fuller, t. II, p. 118.

bandits (*outlaws*) qui infestaient les environs. Sans cesse en course pour en purger le pays, il ne rentrait dans son château que pour y exercer grandement l'hospitalité féodale. Aussi disait-on communément, lorsqu'on voyait lever le gibier : « Vole où tu voudras, tu percheras à Black Hall. » C'était la résidence du vieux chevalier. Comme lui, vice-lieutenant du comté, juge de paix, et gardien des titres et actes (*custos rotulorum*), sir Richard fut aussi dans son ressort un justicier respecté, mais un justicier d'épée suivant la coutume du temps ; si bien qu'un jour en poursuivant un malfaiteur fugitif, il fut attaqué, lui second, dans le cimetière de Lanervil par une troupe armée, et se défendit vaillamment contre tous, lorsqu'un des assaillants se glissant par derrière lui déchargea sur la tête un si furieux coup qu'il l'abattit, le crâne brisé jusqu'à la cervelle. Quand le blessé revint à lui, il vit au loin fuir ses adversaires ; il se leva, marcha jusqu'à sa maison, s'y fit panser et guérir ; puis il appela en combat singulier le chef de famille qu'il regardait comme l'instigateur de ce guet-apens ; mais son défi fut rejeté ; son ennemi se réfugia en Irlande et ne revint pas.

Richard Herbert était d'ailleurs un homme assez instruit ; il entendait le latin et savait l'histoire. Il eut de Madeleine Newport, alliée aux Talbot et aux Devereux, sept fils et trois filles. L'aîné, Édouard, est notre héros, qui, avant de parler de lui-même, esquisse la vie de ses frères, et par un trait caractéristique, prend note surtout des duels où ils se sont signalés. L'un emporta dans la tombe à Berg-op-Zoom les cicatrices de vingt blessures ; l'autre se défendit victorieusement en Danemark contre un adversaire avec un tronçon d'épée. Un troisième eut en France des rencontres éclatantes. Thomas, le dernier, soldat de terre et de mer, guerroya dans l'Inde, en Afrique, en Flandre, et se retira mécontent de la cour. Les autres brillèrent par leur savoir ou se distinguèrent dans les ordres ; mais aucun plus que George, recteur de Bemerton, dont on cite encore les vers. Toutefois, pour les doctes goûts, comme pour l'humeur guerroyante, Édouard ne le cédait à aucun de ses six frères.

En sa qualité de philosophe, il cherche à décrire les premiers développements de son enfance. Dès qu'il commença à parler, il prétend que sa première question fut pour savoir comment il était venu en ce monde. Les femmes qui le soignaient se mirent à rire; d'autres assistants s'étonnèrent, disant que jamais enfant n'avait fait pareille question. Sur quoi il ajoute une réflexion : puisque en naissant il a ignoré et les souffrances de sa mère et les siennes propres, il espère que son âme passera dans un monde meilleur, sans avoir davantage connaissance des douleurs de la mort. Ce doit être une grâce de Dieu qu'on ne sache pas plus comment on sort de ce monde qu'on ne sait comment on y est entré. Deux pièces de vers latins, l'une sur cette vie, l'autre sur la vie céleste telle qu'il se l'imagine, *de Vita cœlesti conjectura*, expriment assez bien la même idée et présentent quelque heureuse imitation du style de Lucrèce; mais ce qu'il n'emprunte pas à Lucrèce, ce qu'il doit à lui-même, c'est une tranquille confiance et dans la certitude de l'autre vie et dans la bonté du Dieu qui la promet à la vertu. Toutes les facultés de son âme lui paraissent disposées pour une existence supérieure, qu'elles anticipent et qu'elles attestent à la fois.

Ces compositions ne sont sans doute pas de son enfance, quoiqu'il ait commencé ses études à sept ans, et tellement profité qu'avant sa neuvième année, il était, dit-il, capable de faire sur ce texte : *Audaces fortuna juvat* une oraison d'une page et cinquante ou soixante vers en un jour. A cet âge, il quitta la maison de sa grand'mère qui l'avait élevé[1]. On désirait surtout qu'il apprît la langue galloise, sans laquelle

[1] Marguerite Bromley, femme de sir Richard Newport.

il n'aurait pu se faire entendre de ses tenanciers et de beaucoup de ses amis. Il fut envoyé dans le Denbigh, auprès d'un maître qui savait le grec, le latin, le français, l'italien et l'espagnol, et un an plus tard à Didlebury, Shropshire, près d'un M. Newton, qui lui montra assez de grec et de logique pour le mettre à douze ans en état d'aller à Oxford et d'entrer au collége de l'Université.

Les études classiques sont encore réglées dans la plupart des pays de l'Europe sur le plan adopté du quinzième au seizième siècle, et l'on s'est plaint souvent du temps considérable qu'elles prennent à la jeunesse, pour ne lui laisser qu'une connaissance assez imparfaite des langues de l'antiquité. A l'époque où l'institution a été ainsi ordonnée, un temps beaucoup moins long était de fait consacré aux travaux du collége, et rien n'est plus commun dans l'histoire des contemporains des Estienne et des Casaubon que de voir terminer à quatorze ou quinze ans et même plus tôt les cours de rhétorique et de philosophie. Jusqu'en 1789, on pourrait citer en France des exemples d'éducations qui nous sembleraient aujourd'hui singulièrement hâtives, et lorsqu'on mettait un jeune gentilhomme à l'académie, c'est-à-dire lorsqu'à seize ans au plus tard, on l'envoyait se former aux exercices du corps, il avait souvent terminé ce qu'on appelait alors des études complètes. Généralement la société moderne se défie de la jeunesse, et elle retarde volontiers l'âge où elle permet à ses membres l'honneur de la servir.

Toujours est-il que Édouard Herbert se distingua par une précocité peu commune. Il était depuis peu à l'université, lorsqu'il perdit son père; et sa mère, qui était venue le joindre à Oxford, reçut bientôt pour lui une proposition de mariage. Sir William Herbert de Saint-Gillians, qui descendait d'un frère du second comte de Pembroke, avait hérité de tous ses biens d'Irlande et du Monmouthshire, et il les avait lais-

sés à sa fille, à condition qu'elle prît un mari
du nom de Herbert. La mère d'Édouard, chargée de dix enfants, désira donner de bonne heure
un protecteur à sa famille dans son fils aîné, et
Mary avait atteint sa vingt et unième année,
lorsqu'on la maria, le 28 février 1598, à son
cousin, qui n'avait pas seize ans et qui retourna, avec sa mère et sa femme, à l'université, ayant ainsi, dit-il, une défense contre les
désordres auxquels la jeunesse n'est que trop
portée. A dix-huit ans, il entra dans le monde,
vécut un peu à Londres, beaucoup à Montgomery Castle, et, tandis que sa femme lui donnait
coup sur coup de nombreux enfants (il en eut
jusqu'à neuf, et n'en devait conserver que trois),
il se perfectionna, sans maître, dans la connaissance des langues vivantes, son intention étant
de devenir un *citoyen du monde*. Il apprit aussi
la musique, et ce fut un de ses goûts favoris.
Sa curiosité s'étendit à l'étude de diverses
sciences, et il se forma par sa propre expérience

une sorte de philosophie de l'éducation qu'il a résumée dans ses Mémoires. On aime à recueillir dans les écrits de ce temps les idées des esprits d'élite sur cet important sujet. On a noté celles mêmes que le bon sens de Rabelais jette en passant au milieu des fictions d'une imagination folâtre. Montaigne a consacré à l'éducation plus d'un chapitre des *Essais*, et quelques-unes de ses pensées font encore autorité. Voici celles de lord Herbert.

Le premier soin à donner à l'enfance devrait se porter sur les maladies héréditaires auxquelles elle peut être exposée. A-t-on par exemple lieu de craindre qu'un enfant ne soit sujet à la pierre, on doit faire prendre à sa nourrice dans une boisson de lait, de sucre et de vin, et plus tard à l'enfant lui-même, du *milium solis* et des saxifrages. Si c'est la goutte qu'on appréhende, il faut le baigner soit dans l'eau où les forgerons éteignent leur fer, soit dans une infusion de genièvre ou d'alun. Comme l'écrivain se piquait des sciences de son temps, il n'épargne pas les noms de simples et de médicaments. Il prescrit notamment certaines herbes pour le spleen héréditaire, et il dit qu'il en a fait usage.

Le moment venu d'aller à l'école, l'enfant doit avoir deux maîtres, l'un pour les leçons, l'autre pour les mœurs et les manières ; c'est le précepteur et le gouverneur des princes ; chacun d'eux doit garder ses attributions séparées. Dès qu'il sait l'alphabet, donnez à l'enfant les grammaires les plus simples pour le latin et pour le grec ; mais qu'il commence par le grec, car, en toutes choses, les Grecs ont surpassé tous les peuples. Le gouverneur pour les mœurs suivra son élève à l'université, afin d'y surveiller sa conduite et ses liaisons. Les études y sont conçues de telle sorte, qu'on semble avoir voulu faire des maîtres ès arts de tous les aînés de famille. Autant la partie de la logique qui sert à former le raisonnement est utile, autant sont oiseuses ces subtilités scolastiques que l'on enseigne sous le même nom. Il suffit d'être mis en état de comprendre les principes de la philosophie de Platon et d'Aristote. Après quoi, on fera bien d'apprendre les éléments de la médecine selon Paracelse, et il ne sera pas inutile de lire Patrizzi et Telesio, qui ont examiné et critiqué le péripatétisme. Il suffira pour tout cela de six mois de logique. Puis, il faudra passer à la géographie, en saisissant cette occasion de s'instruire des gouvernements, des coutumes et enfin des religions qui règnent sur la terre. L'astrologie judiciaire ne sera nécessaire que pour les prédictions générales ; car les événements particuliers ne sauraient être connus par les astres. Alors viendra le tour de l'arithmétique et de la géométrie, surtout de la première, si utile pour bien tenir des comptes, tandis que la seconde est de peu d'usage pour un gentilhomme, si ce n'est en matière de fortifications. La médecine doit être approfondie, tant par rapport au diagnostic qu'au pronostic. La thérapeutique elle-même ne sera pas négligée; connaître les drogues et leur préparation n'est pas à dédaigner. Lord Herbert se félicite d'avoir possédé en ce genre des connaissances assez étendues, et il raconte avec complaisance les heureuses cures qu'il a faites. Il donne un catalogue assez curieux des ouvrages de nosologie et de pharmacopée qu'il a dans sa bibliothèque : mais quelque pédantesque que paraisse aujourd'hui cette médecine de vieux livres, sachons gré à Herbert d'avoir recommandé l'étude de l'anatomie. « Quiconque s'y adonnera, dit-il, ne sera jamais un athée. » Je ne sais si la prédiction s'est constamment réalisée.

Ceci le conduit à la science des vertus morales et des vertus théologales. Sur les premières, chrétiens et païens sont d'accord, et après en avoir demandé la définition aux philosophes ou à l'Église, on les gravera dans son esprit et dans sa conscience, et l'on obtiendra cette paix intérieure qui permet à un homme de traverser toutes les religions et toutes les législations du monde. Une juste espérance est permise, elle est prescrite à celui qui par la vertu et la bonté, s'est élevé à quelque ressemblance avec Dieu. Ce Dieu, son créateur, son rédempteur et son sauveur, connaît sa faiblesse et juge ses fautes en père. Le repentir est une toute-puissante expiation.

Mais dans l'emploi même des vertus, il faut du discernement. La prudence prévient le danger absent. Avec le danger présent arrive le tour du courage. Mais le courage est hors de propos, quand l'injure vient d'une femme, d'un enfant, même d'un supérieur revêtu d'une autorité légitime. « A de tels offenseurs, il convient de pardonner; et en ce genre, je suis persuadé qu'aucun homme de mon temps n'est allé plus loin que moi. Car encore que, dans les occasions où l'honneur était en jeu, personne n'ait été plus prompt à risquer sa vie, jamais, quand ce même honneur permettait de faire grâce, je n'ai recouru à la vengeance, m'en remettant à Dieu, qui en punira plus sévèrement l'offenseur... Quiconque ne pardonne pas coupe le pont par où il lui faudra passer lui-même, tout homme ayant besoin de pardon. »

L'art oratoire n'est pas indifférent au perfectionnement moral. Il enseigne à choisir et à employer les bonnes raisons, à repousser l'erreur, à persuader la vérité. Mais il faut en le pratiquant éviter l'affectation et s'habituer à parler des choses ordinaires avec une simplicité qui n'empêche pas d'en parler avec esprit.

L'éducation ne serait pas complète, si les exercices du corps étaient négligés. Lord Herbert les recommande expressément à sa postérité. Il se loue d'avoir rencontré de très-bons maîtres, excepté pour la danse, qu'il n'a jamais eu le loisir d'apprendre; c'est pourtant par elle qu'il veut que l'on commence, en s'adressant de préférence aux excellents maîtres français. C'est du même pays que viennent aussi les meilleurs professeurs d'escrime. « J'ai, ajoute-t-il, la plus grande expérience du maniement du fleuret. Il m'est arrivé aussi d'avoir eu à soutenir de très-sérieux combats contre plusieurs personnes à la fois, et de fait je ne crois point prendre un ton de vaine gloire en disant qu'aucun homme n'a mieux su que moi se servir de son arme et ne s'en est plus dextrement servi dans l'occasion. Or j'ai trouvé qu'on n'est jamais blessé que par une faute d'escrime. » Il passe ensuite à l'équitation, dont il expose les principes; il insiste sur l'art de monter les grands chevaux, c'est-à-dire les chevaux de bataille, et de combattre ainsi en duel et en guerre[1]. Il montre sur tous ces points des connaissances techniques qu'il

---

[1] Les chevaliers étaient dans l'usage de monter dans les marches de guerre des chevaux de petite taille, ce qu'on appellerait aujourd'hui des poneys. Ils avaient, pour combattre avec leur armure complète, des chevaux de haute taille, qu'ils montaient au moment de l'action. De là l'expression : *monter sur ses grands chevaux*.

avait puisées au manége du connétable de Montmorency. En cette matière, il ne condamne que les courses de chevaux. « Elles sont, dit-il, l'occasion de beaucoup de friponneries. Et quel plaisir peut faire à un homme de cœur un animal dont le mérite principal est de s'enfuir plus vite? » La chasse est un divertissement qui fait perdre trop de temps. Aussi n'admet-il tout au plus que la chasse au faucon, parce qu'elle est plus tôt finie. Quant au jeu, il tolère les boules; mais il interdit absolument les cartes et les dés.

Ce système de pédagogie nous fait déjà connaître notre auteur avec ses préjugés et ses lumières, ses manies et ses principes, pédant et mondain, moraliste et duelliste, d'un esprit libre et méthodique, singulier et sensé, unissant le point d'honneur du gentilhomme à la dignité du philosophe, les prétentions de l'érudit à celles du parfait cavalier, écrivain, courtisan, soldat, diplomate, généreux, présomptueux, irritable, cet émule de Bacon et ce prédécesseur de Locke, aussi éloigné des vices de l'un que des vertus de l'autre, aussi incapable de patience que de bassesse, et n'ayant du sage que l'amour de la sagesse.

C'est en 1600 qu'il alla pour la première fois à la cour. Il vit la reine Élisabeth passer pour se rendre à la chapelle dans le palais de White-Hall, et il se mit à genoux devant elle. Dès qu'elle l'aperçut, elle s'arrêta, et avec un certain jurement qui lui était habituel, elle demanda : « Qui est celui-ci ? » Tout le monde le regarda, mais personne ne le connaissait, hors sir James Croft, qui, voyant la reine arrêtée, était revenu sur ses pas et le nomma. La reine le regarda attentivement, dit en répétant son jurement que c'était dommage qu'il se fût marié si jeune, et lui donna sa main à baiser deux fois, en le tapant chaque fois sur la joue. Ce n'est pourtant que deux ans après et sous le roi Jacques qu'il fut nommé chevalier du Bain, au milieu des com-

pliments des lords et des dames qui assistèrent à
la cérémonie. L'éperon, selon l'usage, lui fut
chaussé par un grand seigneur, son cousin, le
comte de Shrewsbury. Une autre règle de la réception des chevaliers, c'était que le premier jour
ils portassent la robe d'un ordre religieux à leur
choix, et la nuit suivante ils allaient au bain ;
puis ils prêtaient serment de ne jamais séjourner
en lieu où se commettrait une injustice sans tout
faire pour la redresser, surtout si de nobles
dames imploraient leur assistance, *tous engagements dignes des romans de chevalerie*. Le second
jour, il dut, selon la règle, porter une robe de
taffetas cramoisi, et se rendre à cheval, en cet
équipage, de Saint-James à White-Hall, avec ses
écuyers devant lui. L'habit du troisième jour
était une simarre de satin pourpre, avec de certains cordons à glands de soie blanc et or, attachés en nœud sur la manche gauche, ornement
que les chevaliers devaient porter jusqu'à ce
qu'ils eussent accompli quelque beau fait d'ar-

mes, ou qu'une noble dame le leur eût pris;
en disant : « Je réponds qu'il se montrera
bon chevalier. » Il n'avait pas longtemps porté
ses nœuds qu'une des premières dames de la
cour, et *certainement la plus belle au suffrage
général*, les lui enleva, et lui dit qu'elle engageait son honneur au sien. Cependant il ne l'a
pas nommée.

Il ne tarda pas à devenir shériff de son comté
de Montgomery, et il se vante d'avoir donné, sans
indemnité, la commission de sous-shériff et les
autres places qui étaient à sa nomination. Il partageait son temps entre l'étude à la campagne,
ses devoirs publics, et quelques actes de présence
à la cour; mais il paraît qu'un peu d'ennui s'attachait à cette vie monotone. Marié de trop bonne
heure, il n'avait pas connu la liberté de la jeunesse. Un certain jour, il déclara à sa femme
qu'il passerait la mer et ferait sur le continent
le voyage qu'il aurait dû faire, s'il ne l'eût
épousée, à moins qu'elle ne consentît à assurer

à ses enfants un certain patrimoine dont il leur garantirait l'équivalent. C'était une précaution contre le cas où la mort de l'un des époux laisserait l'autre libre de former un second lien. Sa femme ayant refusé, il se crut libre de la quitter ; il la laissa le moins mécontente qu'il put, et il partit, dit-il, assez chagrin, ayant toujours honnêtement vécu avec elle. Cependant il se croyait en droit de faire connaissance avec les pays étrangers, dont il avait pour cela même appris les langues. Muni de l'agrément de la cour, il se mit en route, ayant pour compagnon Aurélian Townsend, gentilhomme qui savait à merveille le français, l'italien et l'espagnol, puis un valet de chambre parlant français, deux laquais et trois chevaux. Il ne manqua pas de s'embarquer à Douvres et de débarquer à Calais.

On était en 1608 ou 9. Il descendit à Paris dans le faubourg Saint-Germain, où demeurait l'ambassadeur d'Angleterre, sir George Carew, qui le reçut avec beaucoup de civilité. Auprès de l'ambassade était l'hôtel du duc de Ventadour, gendre du connétable de Montmorency. La duchesse, qui voyait souvent l'ambassadrice, rencontra chez elle sir Édouard Herbert, et l'invita à venir chez son père au château de Mello[1]. Dans cette belle résidence, il fut dignement reçu par le vieux connétable, qui lui dit que la première fois qu'il avait entendu parler des Herbert, c'était au siége de Saint-Quentin. Son grand-père y avait en effet commandé l'infanterie sous William, comte de Pembroke. Pendant les quelques jours que sir Édouard Herbert passa à Mello, il advint qu'une fille de la duchesse de Ventadour,

[1] Marguerite, femme d'Anne de Levis, duc de Ventadour, était la seconde fille de Henri I*er*, duc de Montmorency, qui avait succédé dans la charge de connétable à son père Anne après un assez long intervalle. Celui-ci, mort en 1567, prenait les titres de seigneur de Chantilly, d'Escouen et de Mello. Ce dernier lieu, que lord Herbert appelle Merlou, se dit aussi Mellou, Meslo, de *Mellum*, et a donné son nom à un connétable de la maison de Dreux sous Philippe Auguste. C'est un bourg des environs de Clermont (Oise). Le château et la terre passèrent, après la mort de Henri de Montmorency, père de la princesse de Condé, dans cette dernière branche de la maison de Bourbon. On y admire encore un château, un parc et un domaine magnifiques.

âgée d'environ dix ou douze ans, alla un soir se promener dans une prairie avec lui et d'autres seigneurs et dames de la compagnie. Elle portait un nœud de ruban sur sa tête. Un des gentilshommes français s'en saisit tout à coup et l'attacha à la ganse de son chapeau. La demoiselle offensée le lui redemanda vivement, mais il refusa, et se tournant vers sir Édouard, elle lui dit : « Monsieur, je vous en prie, reprenez mon ruban à ce gentilhomme. » A cet appel, le galant étranger s'avança vers le ravisseur, le chapeau à la main, et lui demanda de lui faire l'honneur de le mettre à même de rendre à cette dame son ruban ou son bouquet. La réponse fut assez rude : « Pensez-vous que je vous le donne, quand je le lui ai refusé? — Alors, monsieur, répliqua Herbert, je vous le ferai restituer de force. » Et mettant son chapeau, il voulut enlever à l'autre le sien ; mais le Français se mit à courir, et après qu'ils se furent assez longtemps poursuivis dans la prairie, il tourna court pour ne pas être pris, et rejoignant mademoiselle de Ventadour, il lui remit le ruban dans les mains. Herbert, le saisissant par le bras, dit à la jeune dame que c'était lui qui le lui rendait. « Pardon, monsieur, répondit-elle, mais c'est bien ce gentilhomme qui me le donne. — Madame, dit-il, je ne vous contredirai pas ; mais s'il ose prétendre que je ne l'ai pas forcé à le rendre, je me battrai avec lui. » Ces paroles restèrent sans réponse dans le moment, et l'on reconduisit la dame au château. Là, Herbert fit notifier par Townsend son dilemme de provocation; mais le cavalier, n'étant pas d'humeur à y répondre, se retira, et l'Anglais se disposait à le suivre, quand le connétable, informé à temps, fit rappeler le Français, lui reprocha d'avoir manqué de respect à sa petite-fille, et lui ordonna de quitter sa maison. Herbert dit qu'il n'entendit plus parler de lui, mais il ajoute que toute sa conduite lui était commandée par son serment de chevalier du Bain. Trois autres fois encore, dans ce voyage, il se crut obligé d'appeler en duel des malappris qui avaient offensé les dames. Il raconte en détail ces trois querelles, mais dans aucune le combat n'eut lieu. Il paraît que l'autorité intervint pour l'empêcher, ou que des amis ne pensèrent pas qu'une exécution aussi littérale et aussi gratuite du serment de chevalerie fût dans les devoirs absolus du point d'honneur. Notre philosophe d'épée, au contraire, dit qu'il entendait d'une manière plus stricte ses engagements, et prend grand soin d'ajouter qu'ayant vécu dans les cours et dans les armées, il était le moins querelleur des hommes, et n'avait jamais dégainé sans y être provoqué.

Il fait d'ailleurs la plus belle peinture de la magnifique hospitalité du connétable. En partant pour Chantilly, Montmorency le pria de rester à Mello, comme il le désirait, et lui laissa ses écuyers, ses pages et tout un train de maison. Herbert habita tout un été dans ce beau séjour, où il se perfectionna dans la science du cheval, sous la direction du gouverneur des pages du connétable, M. de Mennon, et de son premier écuyer, M. de Disancourt, qu'il proclame l'égal de Pluvinel et de la Broue[1]. Il apprit d'eux, contre ses principes, à chasser le loup et le sanglier. Quelquefois il quittait Mello pour visiter le vieux seigneur dans son autre palais. Une description détaillée de ce célèbre Chantilly témoigne assez combien il admirait le lieu pour lequel Charles-Quint disait qu'il donnerait une de ses provinces des Pays-Bas. Henri IV demandait un jour à

---

[1] Montmorency, comme grand seigneur et plus encore comme connétable, *comes stabuli*, comte de l'écurie, devait avoir la haute main sur tout ce qui regardait l'équitation militaire, laquelle avait composé longtemps presque toute l'éducation des gens de guerre. Antoine de Pluvinel, gentilhomme dauphinois, qui s'était formé à Naples sous Pignatelli, avait été premier écuyer de Henri III, et il dirigeait les grandes écuries de Henri IV, qui le fit sous-gouverneur du dauphin et même ambassadeur en Hollande. Il mourut en 1620, laissant un ouvrage encore estimé, *le Manége royal*, publié par René de Menou, celui probablement que lord Herbert nomme Mennon. La meilleure édition est de 1625. Salomon de la Broue est aussi un écuyer habile que Bourgelat appelle *une illustre et malheureuse victime de l'honneur*, parce qu'il mourut dans l'indigence. Pluvinel passe pour le fondateur de ce qu'on nommait autrefois les académies.

Montmorency d'échanger Chantilly contre un de ses châteaux : « Sire, la maison est à vous, dit le connétable, mais que j'y sois votre concierge. »

Après huit mois d'équitation savante, Herbert alla prendre congé de son hôte et le remercier de ses nobles bontés. Le vieux duc l'embrassa en lui promettant bon souvenir et lui donna un de ses chevaux, un genet d'Espagne qui avait coûté cinq cents couronnes[1], et comme Herbert cherchait à reconnaître cette libéralité, il lui fit dire gracieusement que, si de retour en Angleterre, il pouvait lui envoyer une jument qui allât l'amble naturel, il lui ferait un grand plaisir.

Après le connétable, notre voyageur ne se réjouit de rien tant que d'avoir vu chez son ambassadeur *cet incomparable érudit (scholar)* Isaac Casaubon, et d'avoir mis à profit son docte

---

[1] Herbert se fit peindre montant à cheval. Ce portrait était dans une chambre de son château. Il portait cette légende : *Me totum bonitas bonum suprema reddas; me intrepidum dabo vel ipse.*

entretien. Quant au roi Henri IV, il demanda un jour dans le jardin des Tuileries qui était Herbert, l'accueillit avec son affabilité ordinaire, l'embrassa, et le fit longtemps causer. La reine répudiée, Marguerite de Valois, tenait alors une cour assez brillante. Elle fit inviter Herbert à ses bals et à ses mascarades. A l'une de ces réunions, il était à côté d'elle, et l'on attendait l'entrée des danseurs, lorsque quelqu'un frappa à la porte un peu plus fort que d'usage. Puis le personnage parut, et l'on entendit aussitôt murmurer parmi les dames : « C'est M. de Balagny. » Ce fut alors à qui l'aurait près de soi, et lorsqu'une des dames l'avait retenu quelques moments, les autres lui disaient : « Vous en avez joui assez longtemps, il faut que je l'aie à mon tour. » Cependant sa personne n'avait rien aux yeux d'un étranger qui motivât un accueil si recherché. Quoiqu'il n'eût pas encore trente ans, ses cheveux grisonnaient, ils étaient coupés très-court ; son pourpoint était d'une grosse toile taillée en chemise et ses hauts-de-chausses d'un drap gris assez commun. Herbert demanda qui ce pouvait être. On lui apprit que c'était un des plus braves hommes de France, et qu'ayant tué huit ou neuf personnes en combat singulier, les dames ne croyaient jamais en avoir trop fait pour lui.

C'était Damien de Montluc, seigneur de Balagny, le fils du maréchal de ce nom, de ce bâtard de Montluc, qui eut pour père le célèbre évêque de Valence. Il était par sa mère, Renée de Clermont, neveu de Bussy d'Amboise, et il avait hérité de son oncle cette bravoure querelleuse tant admirée des beautés de la cour, et qui devait deux ans plus tard le faire tomber sous les coups du baron de Puymorin.

Herbert n'eut pour cette fois aucune affaire avec lui, et il songea bientôt à retourner en Angleterre. Il y débarqua par une tempête qui lui fournit encore l'occasion de donner quelque marque d'intrépidité, soigneusement racontée dans ses mémoires ; mais bientôt d'autres rencontres s'offrirent où il put plus utilement montrer son goût pour le péril et un courage digne du métier des armes.

En 1609, le duc de Clèves était mort sans enfants, et tout le monde, disait Henri IV, était son héritier. Cette succession divisait l'Europe. Le roi de France, allié avec l'Angleterre et la Hollande, résolut de la disputer à l'Empereur, qui la prétendait par droit de dévolution, et qui déjà s'était emparé de Juliers. Les héritiers que soutenait Henri étaient le marquis de Brandebourg et le comte palatin de Neubourg ; mais cette affaire isolée n'était pour notre roi que l'occasion longtemps attendue d'attaquer la maison d'Autriche, de relever ou de créer la grande confédération d'alliés sur laquelle il voulait appuyer la politique de la France, et de reconstituer l'Europe libre de l'influence prépondérante qui pesait sur elle depuis Charles-Quint. Ses finances et ses armées avaient été dès longtemps préparées pour ce grand dessein, auquel s'associaient l'Angleterre, les Provinces-Unies, les puissances allemandes protestantes, plusieurs des petits États d'Italie. C'est à ce moment solennel de sa vie que le grand roi fut assassiné. On pourrait faire remonter tous les malheurs de la France à ce jour fatal.

Cependant Maurice de Nassau, prince d'Orange, un des premiers hommes de guerre du siècle, avait, en vertu des traités, commencé le siége de Juliers. Il attendait une armée française et un contingent de troupes anglaises. C'est à cette expédition que sir Édouard Herbert résolut de prendre part en volontaire (1614). En arrivant devant Juliers, il trouva la place investie. Sir Édouard Cecil[1], qui avait amené les quatre mille Anglais, le reçut avec empressement dans son

[1] Sir Édouard Cecil, troisième fils du comte d'Exeter et petit-fils de lord Burleigh, le ministre d'Élisabeth, était un homme de guerre distingué. Il avait pris part à la bataille de Neuport, et il fut élevé à la pairie par Charles Ier sous le titre de lord Cecil de Putney, puis de vicomte de Wimbledon.

quartier, et l'on vit arriver bientôt le maréchal de la Chastre [1] conduisant l'armée française qu'avait dû commander Henri IV en personne (18 août 1610). Diverses attaques furent dirigées contre la place, et un jour que Herbert et son général visitaient le point où les Français pressaient un des bastions, ils rencontrèrent Balagny, qui servait comme colonel. « Monsieur, dit celui-ci, on assure que vous êtes un des plus braves de votre nation et moi je suis Balagny, allons voir lequel fera le mieux. » En même temps, il sauta dans la tranchée l'épée au poing, et l'Anglais l'y suivit sans hésiter. Ce fut à qui s'approcherait le plus du boulevard en face, et trois ou quatre cents coups de feu partirent successivement à leur adresse. « Pardieu ! monsieur, lui dit Balagny, il fait bien chaud ici. — Monsieur, répondit l'Anglais, vous vous en irez le premier, ou je

---

[1] Claude de la Chastre, maréchal de France depuis 1594. Il fut préféré au maréchal de Bouillon pour conduire les douze mille hommes d'infanterie et les deux mille de cavalerie réunis par Henri IV sur la frontière de Champagne. Il mourut en 1614.

ne m'en irai pas. » Il ajoute que, Balagny ayant pris bientôt le parti de se retirer assez lentement, il le suivit à petits pas. Cette bravade ne fut pas du goût du prince d'Orange; mais l'humeur vaine et entreprenante de notre héros ne devait pas s'arrêter là. Il commença par se prendre de querelle avec lord Howard de Walden[1], qui, en revenant d'une fête où, suivant la coutume flamande, on avait bu plus que de raison, le menaça pour un mot. Un rendez-vous fut pris; les deux champions devaient se battre à cheval avec une seule épée, et Herbert alla attendre dans un bois son adversaire, qui fut retenu par les officiers de son corps, mal satisfaits d'un duel aussi frivole en pleine guerre. Après quelques heures passées inutilement sur le terrain, il se retirait par le quartier des Français, et là, se rappelant l'épreuve à laquelle Balagny l'avait voulu mettre, il alla le trouver

[1] Théophile, fils aîné du comte de Suffolk, chef de la sixième branche de la grande famille des Howard.

pour lui en proposer une autre. « J'ai entendu dire que votre maîtresse était belle et que votre écharpe était un don de sa main. Je soutiens que ma maîtresse vaut mieux qu'elle, et que je ferais pour elle plus que vous ou tout autre ne feriez pour la vôtre. » Balagny le regarda en riant, et lui proposa un défi d'un tout autre genre auprès de deux beautés moins vénérables, n'étant point d'humeur pour sa part à se battre pour si peu. Herbert répondit avec un regard assez dédaigneux que c'était parler plus en libertin qu'en chevalier, et s'éloigna pour chercher fortune ailleurs. Il crut l'avoir trouvée en rencontrant un gentilhomme du duc de Montmorency qui lui dit qu'il avait une affaire. Il offrit de lui servir de second, mais l'autre était déjà pourvu, et il rentra, ayant perdu son temps, au quartier des Anglais. Il ne lui restait qu'une ressource, et il n'y renonçait pas, c'était de pousser à bout sa querelle avec lord de Walden. En arrivant, il trouva sir Thomas Somerset[1] qui faisait manœuvrer quelques cavaliers, et celui-ci lui ayant dit des paroles un peu vives au sujet de son affaire, il mit pied à terre, tira son épée, et voyant toute la compagnie en faire autant, il se rua sur elle, joignit sir Thomas, et voulait lui couper la gorge, si l'on ne l'eût pris à bras le corps et forcé à faire demi-tour. Cependant il allait recommencer, mais les gens regagnaient leurs tentes, et il les laissa en repos; emportant dans ses habits plusieurs estocades, dont une lui avait déchiré les côtes. Il lui fallut revenir à la tranchée pour y figurer en soldat, et il eut le chagrin de voir la fin du siége sans obtenir de lord de Walden la faveur de mesurer leurs épées. Le récit minutieux de ces duels manqués compose presque toute son histoire de la campagne, et il semble n'avoir vu dans la guerre qu'une occasion favorable à des prouesses de chevalier errant.

[1] Troisième fils d'Édouard, comte de Worcester, lord du sceau privé. Il était premier écuyer de la reine d'Angleterre.

Cette manie, qu'il paraît avoir exagérée même pour le temps, le renom de raffiné qu'elle dut lui valoir, donnèrent, selon lui, quelque éclat à son retour. Il fut fêté par tout le monde. Richard, comte de Dorset, à qui il était tout à fait étranger, l'invita à venir chez lui, le promena dans sa galerie de tableaux, et l'arrêta devant un cadre en l'engageant à tirer le rideau de taffetas vert qui le couvrait. Il obéit, et vit son propre portrait. C'était la copie d'un tableau qu'il avait fait peindre avant son départ[1]. « Et, non-seule-

[1] De ces divers portraits que se plaît à rappeler la fatuité de lord Herbert, j'ignore si le premier, celui dont les dames se disputaient des copies, se trouve maintenant dans la riche collection des ducs de Dorset au château de Knowle. La figure de Herbert était brune, mais elle paraît belle dans la gravure que donne Édmond Lodge, d'après un original tiré du cabinet de lord Clive qui représente aujourd'hui lord Herbert sous le titre de comte de Powis (*Port. of illust. person;* by E. Lodge. t. II). Ce doit être le même portrait en pied gravé en tête de l'édition de la Vie de 1826. Celle de 1770 contient une gravure où il est représenté, couché, la tête nue, dans un bois ; ses chevaux sont au fond et son écu étendu sur son bras gauche porte écrit : *Magica sympathia.* Le peintre Larkin m'est inconnu. Je n'ai trouvé son nom ni dans les *Anecdotes de la peinture* de Walpole, ni dans

ment, dit-il, le comte de Dorset, mais une personne, de trop grande qualité pour que je la veuille nommer, en commanda une autre copie à Larkin, et la fit placer dans son cabinet, sans que j'en aie alors rien su, ce qui donna à ceux qui virent ce tableau après sa mort plus matière à gloser que je ne l'aurais souhaité. Je puis ajouter même, en toute vérité, que ce soin d'avoir mon portrait m'a été fatal pour plus de raisons que je ne juge à propos de le dire. » Ce ton de fatuité mystérieuse cache, assure-t-on, une allusion à l'intérêt secret qu'il aurait inspiré à la reine Anne de Danemark, femme de Jacques Ier. Il est moins discret à l'endroit de lady Ayres, femme d'un baronnet de ce nom, laquelle, ayant fait copier en miniature le tableau de Larkin, suspendit ce portrait à son cou de manière à le cacher dans son sein. Son mari vint à le savoir et en conçut une grande jalousie, quoique rien

---

les Dictionnaires de Pilkington, de Bryan, de Bromley, de John Smith, et enfin de Nagler.

ne se fût passé entre elle et l'original qui excédât les empressements de courtoisie d'un homme du monde envers une femme d'esprit. Herbert ignorait même tout ce mystère, lorsqu'un jour, étant entré dans la chambre de lady Ayres, il la vit à travers les rideaux couchée sur son lit et tenant d'une main une bougie allumée, de l'autre un portrait. A son approche, elle souffla la bougie et cacha le portrait ; mais il marcha droit à elle, ralluma le flambeau, et parvint à voir la figure qu'elle contemplait avec une attention si passionnée : cette figure était la sienne. « Le Dieu éternel lui est témoin, dit-il, que l'honneur de cette dame est resté sauf. » Une autre lady qu'il ne nomme point, et qui pourrait bien être la reine, lui faisait dire souvent de la venir voir, et il s'en abstenait autant qu'il le pouvait sans l'offenser. Il explique toute sa conduite par son amour pour une autre dame anonyme, qu'il proclame la plus belle de son temps. Toutefois, agité de cette complication d'aventures, il en eut la fièvre, et il commençait à se remettre, lorsqu'il apprit de plusieurs amis que sir John Ayres, toujours poursuivi de soupçons jaloux, voulait le venir tuer dans son lit. Comme on lui conseillait de se faire garder, il pria son parent sir William Herbert, celui qui fut plus tard lord Powis [1], d'aller trouver sir John, et de lui faire part de l'étonnement où le jetaient des avis si étranges, ajoutant que s'il s'agissait d'une entrevue plus loyalement demandée, il serait à ses ordres dès qu'il pourrait se tenir debout. La réponse fut ambiguë. Le mari, se croyant outragé, persistait dans son noir dessein; mais n'ayant pu surprendre un ennemi bien averti, il lui écrivit pour lui demander un entretien, en lui promettant sûreté. Herbert répondit qu'il

---

[1] William, fils aîné de sir Édouard Herbert, le second fils du comte de Pembroke, fut fait baron la cinquième année de Charles Ier sous le titre de lord Powis, de Powis dans les marches du pays de Galles. Il mourut en 1655. Il y eut donc sous Charles Ier trois pairies dans la famille Herbert, Pembroke, Powis et Cherbury.

le verrait sur le terrain où qu'il ne le verrait pas du tout, étant instruit de ses projets d'assassinat. En effet, un jour qu'il était allé à White-Hall avec deux laquais, sir John Ayres se mit en embuscade, en compagnie de quatre hommes armés, au lieu nommé Scotland-Yard, derrière le palais en venant du Strand. Il attendit que Herbert montât à cheval à White-Hall-Gate, et l'épée d'une main, une dague de l'autre, il se porta sur lui à l'improviste, mais heureusement ne blessa que son cheval au poitrail. L'animal effrayé se jeta de côté, ce qui donna à Herbert le temps de tirer son épée. Cependant l'assassin l'attaqua de nouveau, et ses satellites blessèrent le cheval, qui, en ruant et se défendant, les tint à distance. Herbert s'était mis en défense, mais son épée se rompit, et un passant, le voyant ainsi presque désarmé, sur un cheval tout sanglant, lui cria à plusieurs reprises de gagner au large. Le paladin, ne voulant pas qu'il fût dit qu'il eût jamais fui, essaya de descendre, et il avait déjà mis un pied à terre, que le cheval, toujours pressé par les assaillants, le poussa violemment et le renversa, l'autre pied pris dans l'étrier. Le danger était grand, et voyant son ennemi faire le tour du cheval et courir sur lui l'épée haute, il le saisit violemment par les deux jambes et le fit tomber sur le dos. De ses deux valets, l'un s'était enfui ; l'autre le dégagea, et quand il fut debout, il se trouva en face de sir John, qui avait ses estafiers à ses côtés, son frère derrière lui, et qu'entouraient vingt ou trente de ses amis ou des serviteurs du comte de Suffolk, alors grand trésorier d'Angleterre. A ce moment, il fondit avec son épée brisée sur son ennemi, qui couvrit sa tête pour parer le coup, et il lui poussa en pleine poitrine une botte à fond qui le porta par terre, la tête la première. Les assaillants s'apprêtaient à le défendre ou à le venger, quand un Gallois et un Écossais qui se trouvaient là tâchèrent de s'emparer de deux d'entre eux. Herbert n'eut plus affaire qu'aux deux autres, dont il réussit à parer les atteintes. Voyant alors sir John Ayres relevé, il comprit qu'il ne pouvait plus le combattre qu'à la lutte. En écartant son épée de la main gauche, il se sentit percer le côté droit d'un coup de dague; mais avec un mouvement de son bras droit, il le força à lâcher cette arme, que sir Henri Cary, qui se trouvait là, retira de la plaie. Serrant de près sir John, il le frappa à la tête, le terrassa une seconde fois, et de son tronçon d'épée lui fit plusieurs blessures en parant du même mouvement les bottes des autres assaillants. Ceux-ci, voyant le danger de leur chef, le saisirent par la tête et les épaules, et l'emportèrent à travers White-Hall jusqu'aux escaliers de la Tamise, où ils prirent un bateau. Herbert, maître du champ de bataille, ramassa les armes de son adversaire; il songea ensuite à faire visiter ses blessures, et il en fut quitte pour dix jours de soins. A peine guéri, il envoya défier sir John Ayres à un duel régulier; celui-ci lui répondit qu'il avait séduit sa femme et qu'il le tuerait, par la fenêtre, d'un coup de mousquet.

L'affaire fit grand bruit. Les lords du Conseil privé l'évoquèrent. Ils voulurent voir l'arme brisée, instrument d'une si intrépide défense, et citèrent les deux combattants devant eux. Herbert s'absenta en persistant à faire appeler sir John, qui refusa le cartel, et à qui il fallut le présenter à la pointe d'une épée. Celui-ci soutenait que sa femme avait été déshonorée et qu'elle-même lui en avait fait l'aveu. Justement offensée, lady Ayres écrivit à sa tante, lady Crook, une lettre où elle donnait un formel démenti à cette double assertion. Quand cette lettre fut dans les mains de Herbert, il comparut devant le Conseil privé. Interrogé par le duc de Lenox, alrol grand maître de la maison royale, il ne répondit qu'en produisant cet important témoignage. La lettre fut lue par le clerc du Conseil, et Lenox déclara que sir John Ayres était un misérable, à qui sa femme donnait un démenti et que son père allait déshériter. En même temps, il enjoignit à Herbert, au nom du roi et de leurs seigneuries, de ne pas pousser plus loin l'affaire, et de n'envoyer ni recevoir aucun cartel de combat avec le même adversaire. Herbert affirme qu'il obéit, et que même, plusieurs années après, rencontrant sir John à Beaumaris, il arrêta ses gens qui le voulaient tuer, et lui fit dire qu'il pouvait se retirer sain et sauf. Il raconte d'ailleurs que son aventure avait eu assez d'éclat pour qu'il vît arriver peu après un gentilhomme chargé par le duc de Montmorency de lui offrir asile dans sa maison, où il serait reçu comme un fils[1].

[1] Selden raconte une singulière anecdote des amours de Herbert. « Lady Kent, dit-il, stipula par contrat (*articled*) avec sir Edward Herbert qu'il viendrait près d'elle quand elle l'enverrait chercher et resterait avec elle aussi longtemps qu'elle le voudrait garder : *à quoi il mit sa main* (il *tôpa*). Puis il convint de même avec elle (*articled*) qu'il s'en irait quand il lui plairait et resterait loin d'elle aussi longtemps qu'il lui plairait : *à quoi elle mit sa main*. C'est l'épitome de tous les contrats du monde entre homme et homme, prince et sujets. Ils les gardent aussi longtemps qu'il leur plaît et pas davantage. » (*Table Talk*, Con-

Trois ans plus tard, la guerre toujours active entre l'Espagne et la Hollande le rappela dans les Pays-Bas. La succession de Clèves et Juliers était toujours en litige. Nassau et Spinola se disputaient les places des bords du Rhin. Herbert cette fois encore fut honorablement accueilli par le prince d'Orange, qu'il suivit à la prise d'Emmerick et de Rees. Il serait trop long de répéter les anecdotes caractéristiques dont il à semé son récit fort succinct de la campagne de 1614. Elles attesteraient cependant une singulière obstination à ne chercher à la guerre que d'inutiles combats individuels et à raconter ses hauts faits en ce genre avec une inaltérable bonne opinion de lui-même. Dès que les opérations militaires furent suspendues, il visita l'Allemagne, la Suisse et l'Italie. Il vit Venise, Rome et Florence, et il nous a laissé de cette course

tracts, p. 30.) Cette lady Kent peut être la femme de Henri, sixième, ou de Charles, septième comte de Kent, le premier mort en 1615, le second en 1625 ; l'une Mary, fille de sir George, l'autre Susanne, fille de sir Richard Cotton.

un curieux itinéraire, où il parle en homme qui aime la musique et ne songe pas à la peinture. A Rome, où un Anglais protestant était alors mal accueilli, il alla descendre au collége de sa nation, et demanda à voir le supérieur. « Je n'ai pas besoin, lui dit-il, de vous nommer mon pays, vous m'entendez parler. Je ne viens pas ici pour étudier la controverse, mais pour voir les antiquités de la ville. Si je puis avoir cette liberté, sans affront pour la religion dans laquelle je suis né et j'ai été élevé, je serais charmé de passer ici le temps nécessaire; sinon, mon cheval n'est pas dessellé, et je suis tout prêt à m'en aller. » Le supérieur était un grave personnage, qui lui répondit que jusque-là il n'avait entendu personne professer une autre religion que celle de Rome, que pour lui il approuvait fort une franchise qui annonçait un homme d'honneur, qu'il ne pouvait d'ailleurs lui donner aucune garantie, mais qu'il savait par expérience que ceux qui n'outrageaient pas la religion catholique ne recevaient aucun outrage. Puis, ayant appris qu'il avait affaire à sir Édouard Herbert, il l'invita à dîner. Le protestant refusa, mais non sans le payer d'un petit compliment philosophique, en lui disant que les points sur lesquels ils étaient d'accord devaient plus les unir que ne les devaient diviser les points sur lesquels ils ne s'accordaient pas ; qu'il aimait, quant à lui, tout homme de piété et de vertu, et regardait les erreurs, de quelque côté qu'elles fussent, comme plus dignes de pitié que de haine. Il passa ensuite un mois à visiter les curiosités de Rome, et il y aurait prolongé son séjour s'il n'avait eu la fantaisie de voir le pape siéger en consistoire ; mais là, s'apercevant que le saint-père allait lui donner sa bénédiction, il s'esquiva, ce qui parut suspect : on courut après lui et il regagna son auberge pour chercher son cheval. Il n'y était pas depuis une demi-heure qu'il vit accourir le supérieur du collége des Anglais pour l'informer qu'il était traduit devant l'inquisition, et lui conseiller de partir au plus vite. Il déménagea sur-le-champ, et partit deux jours après.

A Turin, il se laissa donner par le duc de Savoie, qui lui fit très-bon accueil, la commission d'aller chercher en Languedoc quatre mille hommes de la religion réformée qu'on lui avait promis, et de les amener en Piémont. Il rentra donc en France, et de son voyage jusqu'à Lyon il n'aurait rien à raconter, s'il ne s'était arrêté à Bourgoin pour y voir la fille d'un hôtelier qui avait jusqu'en Angleterre la réputation d'être la plus belle femme du monde. Il a eu l'attention de nous laisser de ses charmes et de sa toilette la description la plus séduisante. En arrivant à Lyon, les gardes de la ville l'interrogèrent d'une façon qui ne lui parut pas naturelle. En effet, le marquis de Rambouillet[1], ambassadeur de France à Turin, avait prévenu Saint-Chaumont,

---

[1] Charles d'Angennes, né en 1577, mort en 1652, le mari de la célèbre Catherine de Vivonne.

qui commandait à Lyon [1], et un édit de la régente Marie de Médecis venait d'interdire toute levée d'hommes dans le royaume. Les gardes s'emparèrent donc du voyageur suspect, et le conduisirent au gouverneur, qui était à vêpres. Herbert attendit quelques momens dans l'église, puis vint un personnage en habit noir qui le salua sans grande cérémonie et lui adressa quelques questions. Il répondit fort sèchement. L'homme noir murmura quelque chose à l'oreille des gardes, qui menèrent l'étranger dans une assez belle maison où on lui dit qu'il devait garder les arrêts par ordre du gouverneur. Il s'écria qu'il ne reconnaissait ni le gouverneur ni l'ordre, et que s'il parvenait à sortir de là, on ne l'y ferait pas rentrer vivant. Le maître du lieu ne répondit qu'en le logeant du mieux qu'il put. Bientôt arriva sir Édouard Sackville. Il avait parlé au gouverneur, et il apportait l'offre de

[1] Armand-Jean Mitte, marquis de Saint-Chaumont, comte de Miolans.

ses bons offices. Il demanda au prisonnier s'il avait levé des hommes pour le duc de Savoie. « Pas un, » répondit Herbert. Sackville lui apprit que le gouverneur était fort choqué du ton de ses réponses. Herbert s'excusa sur ce qu'il ignorait à qui il parlait. Sackville sortit et revint peu après le délivrer de la part du marquis de Saint-Chaumont, chez lequel il le conduisit. Il y trouva la marquise et nombreuse compagnie. Le gouverneur s'avança, le chapeau à la main, et lui demanda s'il le connaissait. « Comment vouliez-vous qu'il vous connût? dit aussitôt la marquise. Vous étiez seul dans l'église et en habit noir, et tous deux vous êtes totalement étrangers l'un à l'autre. » Saint-Chaumont n'en renouvela pas moins ses questions, auxquelles Herbert fit à peu près les mêmes réponses ; puis, après avoir salué la dame du lieu, il rentra avec Sackville dans son logis. Là il réfléchit à tout ce qui s'était passé, et, après une nuit assez calme, le résultat de ses méditations fut qu'il ne pouvait se dispenser d'envoyer une provocation au discourtois gouverneur. Sir Édouard Sackville refusa de se charger de la commission; mais un Français, qui se trouva précisément celui à qui Herbert avait, au siége de Juliers, offert de servir de second, fut plus complaisant et voulut bien porter à Saint-Chaumont la lettre de défi, qu'il trouva d'ailleurs fort civile. La nuit suivante, notre malendurant voyageur dormait dans son auberge, quand vers une heure du matin il est réveillé par le bruit de quelques personnes qui semblent forcer sa porte. Il se lève en chemise, tire son épée, ouvre sa porte, et trouve sur l'escalier une demi-douzaine d'hommes armés de hauberts. Déjà il se mettait en devoir de leur faire résistance, mais leur chef l'informe qu'il vient de la part du duc de Montmorency. C'était le fils du défunt connétable[1], qui, revenant de Languedoc à Paris, avait tout appris en passant

[1] Henri II, duc et maréchal de Montmorency; décapité à Toulouse en 1632.

à Lyon. Il attendait chez le gouverneur l'ancien ami de son père. Herbert s'habilla en hâte et fut conduit dans une grande salle où il venait d'y avoir assemblée et bal. Là, Montmorency le prit à part, lui dit que Saint-Chaumont ne pouvait accepter un duel pour avoir exercé une fonction de sa charge, mais qu'il lui ferait aussi ample satisfaction qu'il serait raisonnable de le désirer. Il le mena donc au gouverneur, et celui-ci lui dit qu'il était fâché de ce qui s'était passé et désirait qu'il prît cela pour satisfaction. « C'est assez, » interrompit aussitôt le duc; mais l'ombrageux Anglais voulut encore que Montmorency lui certifiât qu'à sa place il se contenterait de cette réparation. Il adressa la même question au marquis de Saint-Chaumont, qui lui fit la même réponse. Alors, baisant sa propre main, il la tendit au gouverneur. Celui-ci l'embrassa, et l'affaire fut ainsi terminée.

On conçoit que la mission du duc de Savoie n'eut pas de suite, et Herbert rejoignit le prince d'Orange. L'année 1615 se passa pacifiquement, et aux approches de l'hiver, il songea à revenir dans sa patrie. Chemin faisant, il eut encore une ou deux querelles qui faillirent devenir sérieuses : il les raconte avec un soin que nous n'imiterons pas ; mais enfin il revit l'Angleterre, où la fièvre le prit et ne le quitta pas d'un an et demi. Il n'avait pas recouvré ses forces que déjà il prenait par la barbe, en pleine rue, un homme qui insultait un de ses amis, et il voulait lui donner une leçon à coups d'épée. Les lords du Conseil le firent encore appeler, et lui recommandèrent la prudence, surtout dans l'état de faiblesse où l'avait mis sa longue maladie.

Il était bien temps que, prenant conseil de son âge et de sa raison, il employât ses rares facultés et son énergique caractère à se faire dans le gouvernement de son pays une position digne et sérieuse. Car bien qu'apparemment il ne négligeât, au milieu de cette vie aventureuse, ni la lecture ni l'étude, on ne voit pas, et personne

4

ne l'en soupçonnait alors, qu'il songeât à demander aux lettres seules son bonheur et sa renommée.

L'instant était favorable pour qu'un homme aussi distingué que sir Édouard pensât à son avenir. Jacques Ier régnait dans une paix profonde. Par goût et par principe, il cherchait la tranquillité au dedans et au dehors. Quoiqu'il ne fût pas soutenu par le respect public, et qu'un esprit d'indépendance réservé à de grands événements commençât à se former dans la nation, son gouvernement avait les dehors de la force et de la solidité. Quant à lui, un grand fonds de sottise déparait la culture de son esprit; mais enfin il aimait à sa manière l'étude et l'intelligence. Sa cour n'était pas sans politesse, et les classes aristocratiques donnaient alors l'exemple d'une instruction supérieure et d'un goût exercé. La pédanterie sans doute gâtait la littérature et même la poésie. On trouve des traces de l'euphuïsme mythologique jusque dans Spenser;

Ben Jonson et Shakspeare. Les dames de la cour n'en étaient pas exemptes, aussitôt qu'elles écrivaient en vers, et parmi elles ce talent était à la mode. Plus d'un secrétaire d'État ou d'un diplomate avait commencé par être docteur dans une université[1], et l'enseignement ouvrait souvent la carrière de la politique. Enfin celui dont le nom illumine avec celui de Shakspeare le commencement du dix-septième siècle en Angleterre, Bacon, dans tout l'éclat du crédit et de la renommée, remplissait une haute magistrature qui l'associait au gouvernement, et n'avait plus qu'à étendre la main pour toucher au grand sceau de l'État.

Sir Édouard Herbert se trouvait donc dans un monde où sa vie romanesque, son instruction un peu scolastique, ses essais de poésie et ses projets d'écrits sur les questions soulevées par

[1] Sir Thomas Wilson, sir Thomas Smith, sir Ralph Winwood, secrétaires d'État; sir Thomas Bodley, sir Henri Wotton négociateurs etc.

la philosophie du temps, pouvaient beaucoup ajouter au bon accueil que lui attiraient son rang, sa bonne mine et ses manières chevaleresques. Il existait depuis le règne d'Élisabeth une société des antiquaires où il pouvait chercher le commerce des érudits du temps. Depuis 1603, une réunion de beaux esprits avait été installée par sir Walter Raleigh à la taverne alors célèbre de la Sirène, dans Friday-street, où Herbert aurait trouvé une association de talents plus variés, Ben Jonson auprès de Selden et Cotton à côté de Fletcher. Rien n'indique cependant qu'il ait formé des liens étroits avec le monde savant et littéraire, et l'on ne voit dans ses mémoires ni dans ses œuvres, non plus que dans aucun document du temps, qu'il ait même entretenu des relations avec le futur chancelier, placé déjà si haut dans l'admiration de ses contemporains.

On ne peut cependant prouver qu'il ait plus songé à établir sa fortune qu'à satisfaire ses goûts d'esprit, et pas un mot de lui n'annonce qu'il ait pris grand soin de s'attirer la faveur de la cour. Le premier ministre était Thomas Howard, lord Suffolk, qui ne devait pas conserver ce poste longtemps; mais la puissance réelle était dans les mains du comte de Buckingham. Herbert, que quelques-unes de ses aventures antérieures avaient dû peu recommander à la maison des Howard, pouvait du moins se tourner du côté du favori, et quoiqu'il ne raconte pas qu'il se soit appliqué à lui plaire, il paraît lui avoir plu. Avec son nom et ses biens, il pouvait prétendre à jouer son personnage dans l'État. Son esprit devait être mûri et développé par les voyages et l'expérience des camps et des cours. L'ambition, la véritable ambition, lui était permise, et, puisqu'il ne s'ensevelissait pas dans son cabinet, commandée. Pour un homme supérieur, il n'y a que deux choses, les livres ou les affaires. Mais il y avait dans *ce héros* de l'aventurier, ou plutôt un faux esprit chevaleresque qui lui faisait prendre le monde par le côté ha-

4.

sardeux, brillant même, mais frivole. Au lieu de chercher une carrière digne de ses talents, après des soins donnés longtemps à sa santé que les fatigues avaient fort éprouvée, il songeait à lever, avec le comte d'Oxford, deux régiments pour les mener au service de la république de Venise, et, en attendant, il avait de temps en temps des querelles qui lui valaient des remontrances en forme de la part des lords du Conseil. Ces habitudes et ces goûts n'étaient pas pour déplaire à l'homme qui devenait le maître de la cour. Villiers, présomptueux et léger avec des prétentions à l'esprit et à la bravoure, prit Herbert à gré, lui témoigna de la bienveillance, lui promit sa protection. Herbert songeait moins à en profiter qu'à réaliser ses projets de courses sur le continent, lorsqu'un jour il fut mandé devant le Conseil privé. Plus surpris que satisfait, il fit répondre qu'il allait dîner. Un nouvel ordre lui fut immédiatement adressé, et il se rendit à White-Hall, se demandant s'il avait encore à se justifier de quelque coup de tête. Ses duels seuls l'avaient jusque alors amené devant les lords du Conseil. Il comparut cette fois pour s'entendre annoncer qu'il était nommé ambassadeur en France. Ce poste était vacant, et le roi ayant résolu d'y pourvoir, Buckingham lui avait présenté une liste de dix-huit noms, parmi lesquels Jacques choisit le nom de Herbert, et ce choix venait d'être approuvé par le Conseil[1].

Sir Édouard allait représenter auprès de Louis XIII, qui n'avait que dix-huit ans, un cabinet que le nom de Bacon, alors chancelier, n'a pu sauver d'une juste obscurité. Le lord trésorier, comte de Suffolk, était un homme médiocre, qui tomba du pouvoir sans honneur. Les secrétaires d'Etat, sir Wiliam Lake et sir Robert Naun-

[1] Il est assez difficile de fixer l'époque de la nomination de sir Édouard Herbert d'après ses mémoires, où les dates sont fort négligées. Mais, comme on sait que sa mission prit fin vers 1624, et comme il dit dans la préface du *de Veritate* qu'elle a duré cinq ans, on ne peut en placer le commencement qu'en 1619. Cependant Edmond Lodge fait commencer cette ambassade en 1616. (*Portraits of illust. pers.*, t. III.)

ton n'étaient dépourvus ni de lumières ni d'expérience, mais leur caractère et leur position ne leur permettaient pas de prévaloir contre les faiblesses et les préjugés du roi, contre les caprices égoïstes et les desseins incohérents de Buckingham. La politique d'Élisabeth, celle de Henri IV, la seule qui méritât d'être nationale dans les deux pays, la seule favorable à l'indépendance des États de l'Europe et au progrès de la société européenne, avait été tantôt suivie sans habileté, tantôt compromise par des déviations, tantôt lâchement abandonnée. La France ne s'y montrait pas plus fidèle que l'Angleterre. La France et l'Angleterre étaient visiblement en déclin. Le second des deux pays, contre ses antécédents, ses intérêts, ses préjugés, tendait à se rapprocher de l'Espagne, et Naunton touchait au moment où il devait tomber en disgrâce pour avoir appuyé le mariage du prince de Galles avec une fille de France plutôt qu'avec une infante. L'idée de cette dernière union avait, depuis l'année qui suivit la mort de Henri IV, pénétré à la cour d'Angleterre[1]. Herbert cependant paraît avoir reçu des instructions ou conçu de lui-même des projets favorables au rétablissement d'une étroite intelligence entre les deux couronnes dont l'alliance avait été si avantageuse pour la fin du seizième siècle ; et pendant toute son ambassade, il suivit assez fidèlement, quoique avec peu de bonheur, la politique selon nous la meilleure pour les deux pays.

On lui donna pour ses frais de voyage 6 à 700 livres-sterling qu'il eut à défendre la nuit suivante, l'épée à la main, contre une bande de voleurs furtivement introduite dans sa maison de la Cité. Peu s'en fallut qu'avant de partir, il ne dût se mesurer avec sir Robert Vaughan pour quelques propos. Deux rendez-vous furent pris successivement. Le roi fut obligé de charger le

---

[1] Il en est question dès 1611 dans la correspondance de l'ambassadeur de France, Spifame de Buysseaux. Voy. sa dépêche manuscr. du 26 avril.

lord du sceau privé d'arranger l'affaire et de lui notifier qu'étant désormais revêtu d'un caractère public, il ne devait plus avoir de querelle particulière. Il aurait même été révoqué si Buckingham n'eût répondu pour lui.

Dans sa passion pour les détails, dès qu'ils intéressent sa personne, il n'a pas négligé de nous dire que, comptant peu sur l'exactitude des payements de l'Échiquier, il se mit en route avec de bonnes lettres de crédit délivrées sur sa parole. Je remarque que l'une d'elles était tirée sur MM. Tallemant et Rambouillet, associés fort connus des lecteurs modernes, et dont il évalue la fortune à 2,500,000 livres[1]. Il se logea à Paris, rue de Tournon, faubourg Saint-Germain, moyennant un loyer de 200 louis. De là il se rendit à Tours, où se trouvait le roi. Nous donnerons le récit textuel de sa première audience.

« J'assurai le roi de la grande affection que

[1] On peut voir dans les *Mémoires* de Tallemant des Réaux qui étaient ces personnages.

lui portait le roi mon maître, non-seulement à
raison de l'alliance entre les deux États, mais
parce que Henri IV et le roi d'Angleterre étaient
convenus entre eux que le survivant des deux
prendrait soin du fils de l'autre. Je lui donnai
en outre l'assurance que rien ne m'était autant
recommandé par mes instructions que d'établir
des rapports de bons offices entre les deux royaumes, et que ce serait grande faute à moi, si ma
conduite témoignait d'autre chose que d'un profond respect pour Sa Majesté. Cela dit, je pré-
sentai ma lettre de créance. Le roi m'assura d'une
réciprocité d'affection envers le roi mon maître,
et me dit que j'étais en particulier le bienvenu
à sa cour. Ses paroles n'étaient jamais fort abon-
dantes, étant si excessivement bègue qu'il restait souvent la langue hors de la bouche un bon
moment sans pouvoir prononcer un mot. Il avait
en outre une double rangée de dents. Rarement
ou jamais on ne le vit cracher, se moucher ni
beaucoup transpirer, quoiqu'il fût très-actif et

presque infatigable à la chasse au tir et à l'oiseau, pour laquelle il était passionné, et jamais rien ne l'arrêtait, quoiqu'il eût ce que nous appelons une rupture ou qu'il fût *herniosus ;* car il était cité dans tous les exercices, fallût-il se tenir sur ses jambes au point de fatiguer et ses courtisans et ses valets, étant également insensible, disait-on, au froid et à la chaleur. Son entendement et ses facultés naturelles avaient toute la valeur qu'on peut attendre d'un homme élevé dans une si grande ignorance, ce qu'on avait fait à dessein pour le pouvoir gouverner plus longtemps. Cependant il acquit avec le temps beaucoup de connaissance des affaires, en conversant le plus ordinairement avec gens sages et habiles. Il était noté pour deux dispositions habituelles à tout homme élevé dans l'ignorance, il était soupçonneux et dissimulé. Les ignorants en effet marchant dans l'obscurité, comment pourraient-ils ne pas craindre de faire un faux pas? Et comme ils sont dépourvus pareillement ou privés des vrais principes par lesquels ils pourraient diriger leurs actions publiques ou particulières d'une manière sage, solide et démonstrative, ils s'efforcent communément d'y suppléer par des moyens couverts, excusables chez les faibles, usités chez ceux qui n'ont à mener que de petites affaires, mais condamnables chez les princes, qui, ayant pour les appuyer dans leur marche la raison et la force, ne devraient pas s'abaisser à de si tristes expédients. Toutefois, je dois le remarquer, jamais cela n'ôta rien à son courage, lorsqu'il eut l'occasion d'en montrer, et sa dissimulation n'alla jamais jusqu'à faire aucun tort privé à ses sujets de l'une ou de l'autre religion. Son favori était un M. de Luynes, qui dès son jeune âge avait beaucoup gagné auprès de lui en dressant des faucons à voler sur tous les petits oiseaux de ses jardins, et en faisant ensuite à ces petits oiseaux attraper des papillons. Et si le roi ne s'en était servi que pour cela, on aurait pu le tolérer; mais, quand le roi fut plus avancé en âge, le gouvernement des affaires publiques ayant été principalement dirigé par les conseils de Luynes, il ne se commit pas peu de fautes. La reine mère, les princes et nobles de ce royaume furent si mécontents de l'empire de ses conseils sur le roi qu'il en résulta finalement une guerre civile. L'inaptitude de cet homme pour le rôle d'influence qu'il avait près de son maître peut se juger par un fait : il fut question une fois de quelques affaires concernant la Bohême, et il demanda si c'était un pays au milieu d'un continent ou sur une mer. »

Nos mémoires français sont muets sur la mission de sir Édouard Herbert. Dans les siens, il n'a guère consigné que des anecdotes toutes personnelles. Mais il avait le projet d'écrire une relation politique de son ambassade, ayant conservé toutes ses dépêches qui doivent exister encore et qui mériteraient d'être recherchées. On en a publié cinq qui ne sont pas sans prix pour l'histoire[1]. Les évenements dont il dit que sa relation aurait parlé font regretter qu'il ne l'ait pas écrite. Il ne nous a laissé que des détails sur ses visites, sur la tenue de sa maison et de sa table, sur le choix de ses domestiques, enfin sur des disputes de préséance et d'étiquette. On y peut lire le récit assez curieux d'une querelle de ce genre avec l'ambassadeur d'Espagne. On doit se fier à lui pour avoir soutenu son rang avec une ombrageuse ténacité. Il s'en excuse en rappelant combien les Espagnols sont eux-mêmes chatouilleux sur leurs *pundonores* (points d'honneur), et il cite cette réponse d'un ambassadeur de Philippe II, à qui ce prince reprochait d'avoir fait une affaire d'importance d'une pure cérémonie (*por una ceremonia*) : « Comment, cérémonie ! mais Votre Majesté elle-même n'est qu'une cérémonie[2]. »

---

[1] *The Life*, Continuation, p. 305-307. Cf. le recueil d'Ellis, *Orig. lett. illust. of the Engl. Hist.*, t. III.

[2] On lit aussi dans Shakspeare (*Henri V*, act. IV, sc. 1) :
And what have the kings that private have not too
Save ceremony, save general ceremony ?

L'ambassade de sir Édouard Herbert fut de son aveu assez tranquille. Aussi a-t-il peu de chose à en raconter, si ce n'est qu'il grandit d'un pouce à la suite d'une fièvre quarte, et qu'ayant laissé sa femme en Angleterre, il ne put réussir à lui rester en France toujours fidèle; mais les affaires et même les plaisirs lui laissèrent au moins du temps pour son livre, *for my book,* comme il dit, et c'est à Paris qu'il composa la plus grande partie de son *Traité de la Vérité.*

Dans ses mémoires, il ne dit mot ni des démêlés de Louis XIII et de sa mère, ni de la guerre de Trente ans, qui commença en 1618, et peu s'en est fallu que l'épisode le plus intéressant de son ambassade ne fût une certaine promenade dans le jardin des Tuileries, un jour qu'il eut l'honneur d'y donner le bras à la reine Anne d'Autriche. Le roi, pendant ce temps, tirait sans la voir des oiseaux sous les arbres. Un coup de feu subit effraya la reine, et même quelques grains de plomb tombèrent dans ses beaux cheveux blonds célébrés par l'histoire. Elle fit prier le roi de chasser un peu plus loin, et le vieux duc de Bellegarde, qui se posait en adorateur de la reine, se glissant derrière elle, se mit à jeter doucement des bonbons dans sa coiffure. Anne crut encore à quelque accident. « Et je m'étonne, dit Herbert au duc, qu'un seigneur si renommé pour sa galanterie ne sache occuper les dames qu'en leur faisant peur. » Mais une affaire importante vint troubler la paisible diplomatie du chevaleresque ambassadeur. Il régnait toujours dans certains esprits une arrière-pensée contre la grande œuvre de Henri IV. L'extinction de l'hérésie ou tout au moins l'abaissement des huguenots ne cessait pas d'être un rêve fatal qui hantait par moments l'imagination de Louis XIII, comme il s'empara plus tard de celle de Louis XIV. Inquiets et souvent menacés, les réformés allaient au-devant des mauvais desseins et les provoquaient par quelques mouvements, en essayant de les prévenir. Herbert accuse positivement le duc de

Luynes d'avoir, pour illustrer sa faveur, excité son maître à une guerre de religion, lui représentant la gloire que les rois d'Espagne s'étaient faite en expulsant les Maures de leurs États. Mais, dans une dépêche chiffrée qu'on a publiée (février 1620), rendant au secrétaire d'État Naunton un compte détaillé d'un conseil où la question du protestantisme fut mise en délibération, il paraît attribuer à Louis XIII en personne l'initiative de la pensée de la guerre. Le prince de Condé, sans respect pour les grands souvenirs de sa maison, l'aurait appuyée avec violence. D'autres ministres auraient présenté les fortes objections de la bonne politique, et Luynes ayant dit quelques mots dans le sens de la paix : « Vous ne savez ce que vous dites, » se serait écrié le roi en l'interrompant. Il est certain que la guerre fut décidée contre le gré de Sillery et de Jeannin (ils avaient été les ministres de Henri IV), et que le duc de Luynes s'y porta avec ardeur, trouvant là le singulier prétexte de se faire donner le titre de connétable, vacant depuis la mort du vieux Montmorency.

Quand la campagne contre les huguenots fut résolue, *le parti jésuite*, dit Herbert, et quelques-uns des princes applaudirent. Le duc de Guise était triomphant. « Monsieur, lui dit l'ambassadeur anglais, quand ceux de la Religion seront abattus, viendra le tour des grands et des gouverneurs de provinces. » La guerre n'en commença pas moins. C'était une déviation morale des alliances de Henri IV. Herbert fut chargé par son gouvernement de faire des représentations. On lui répondait que si la réformation eût été en France telle qu'en Angleterre, si elle avait maintenu une hiérarchie, des cérémonies convenables, de la musique dans les églises, des jours de fête en commémoration des saints, on l'eût beaucoup mieux tolérée. Il répliquait que, bien que les motifs d'une rupture avec Rome eussent été enseignés par des sages, la réformation avait été accomplie par le commun peuple, tandis qu'en Angleterre elle était l'œuvre du chef de l'État ; que d'ailleurs elle admettrait aisément en France une hiérarchie, pourvu qu'on lui donnât les moyens de la soutenir, et que son culte serait plus beau, si ses églises étaient plus belles. Il faisait remarquer combien l'exemple des ministres de la religion avait servi à rendre le clergé catholique plus régulier et plus retenu. Enfin il exaltait le mérite d'une société chrétienne qui ne reconnaissait dans le gouvernement des affaires qu'une seule autorité, celle du roi. Malheureusement on l'écoutait peu. Par ordre venu de Londres, il se rendit auprès de Louis XIII, alors occupé au siége de Saint-Jean-d'Angély, afin de ménager une pacification ; mais Louis XIII le renvoya à M. de Luynes. Le favori, en le recevant, avait fait cacher derrière une tapisserie un des Arnauld, alors protestant, mais du parti du roi, afin qu'il attestât à ses coreligionnaires l'inutilité des efforts du cabinet de Londres en leur faveur[1].

[1] Le huitième fils d'Antoine de la Mothe-Arnauld, aïeul d'Ar-

A l'offre que lui fit l'ambassadeur de la médiation du roi son maître : « En quoi nos actions regardent-elles le roi votre maître ? répondit Luynes. Pourquoi se mêle-t-il de nos affaires? » Herbert, un peu blessé, dit qu'il n'avait aucun compte à réclamer du roi son maître, et ne devait que lui obéir. Puis il ajouta d'un ton plus doux que, si on lui demandait plus civilement ses raisons, il était prêt à les donner. « Eh bien, » dit seulement Luynes. Alors l'ambassadeur rappela les engagements de Jacques Ier avec le feu roi : celui des deux qui devait survivre avait promis de procurer de tout son pouvoir la tranquillité et la paix au royaume de l'autre, et, dans les circonstances, si la France était délivrée de la guerre civile, ses forces seraient plus disponibles pour appuyer l'électeur palatin contre la Bavière et l'Autriche. « Nous ne

nauld d'Andilly. Il n'était pas protestant, comme je le dis dans le texte pour rester fidèle au récit de Herbert, mais il était fils d'un père qui avait été protestant.

5.

prendrons point vos avis, » fut toute la réplique du jeune connétable. On lui répondit que, puisqu'il le prenait ainsi, on savait bien ce qu'on aurait à faire. « Nous ne vous craignons pas, » s'écria Luynes ; et quoique Herbert, restant, dit-il, en deçà de ses instructions, se bornât à répéter ses dernières paroles, elles mirent son interlocuteur en une telle colère, qu'il alla jusqu'à dire : « Par Dieu ! si vous n'étiez monsieur l'ambassadeur, je vous traiterais d'une autre sorte. » L'épreuve était rude pour un homme du tempérament de sir Édouard. Il n'y tint pas. Il rappela que s'il était un ambassadeur, il était aussi un gentilhomme, et mettant la main sur la garde de son épée : « Voici, ajouta-t-il, ce qui vous répondra. » Et il se leva. Luynes, sans mot dire, quitta son siége et fit mine de le reconduire jusqu'à la porte ; mais Herbert lui dit qu'après un tel entretien, ce cérémonial n'était pas de saison, et il sortit.

Peu de jours après, il se retira à Cognac, où

le maréchal de Saint-Géran, qui était de ses amis [1], le prévint qu'ayant offensé le connétable, il n'était pas en sûreté. Il répondit qu'il était en sûreté partout où il avait son épée à son côté. Quand il revint à Paris, les autres ministres et les seigneurs lui firent fête, car tous détestaient le pouvoir et l'insolence du favori ; mais le maréchal de Cadenet, son frère [2], avait été envoyé à Londres pour porter plainte contre lui, et Herbert fut rappelé. Jacques Ier fit cette concession sans résistance et sans sincérité. Il ne blâmait point son ambassadeur, mais il ne voulait pas irriter la France qu'il s'apprêtait à

---

[1] Jean-François de la Guiche, comte de la Palisse, et maréchal de Saint-Géran, mort en 1332.

[2] C'est Herbert qui semble donner à cet envoi cette date et ce but. Mais dans sa correspondance, le comte de Tillières, ambassadeur de France à Londres, ne parle de la présence de Cadenet en Angleterre qu'en janvier 1621, et pendant l'été suivant, il ne le nomme point, mais seulement un sieur Dumoulin qui lui fut envoyé pour l'affaire du rappel de sir Édouard, affaire dont il paraît s'être occupé tout seul. Dépêches du 30 juin, 7 août, 28 septembre. Bibl. nat., Manusc. fond Saint-Germain, n° 767, Cf. *Mém. de Richelieu*, L. XII.

trahir pour l'Espagne. La guerre que Louis XIII faisait à ses sujets protestants, quelques rigueurs qui l'avaient accompagnée, notamment à la prise de Saint-Jean-d'Angély, excitaient l'indignation et l'éloquence des prédicateurs puritains[1], et le parlement de 1621 qui, tenant en échec le gouvernement, mettait en jugement des ministres et inquiétait jusqu'à Buckingham, ne permettait pas au roi de se soucier beaucoup au fond des mécontentements de la France, lorsqu'elle se plaignait que l'Angleterre intervînt entre l'autorité royale et les rebelles de la religion réformée[2]. Le projet d'envoyer des secours à la ville de la Rochelle était déjà mis en

---

[1] « Il (le roi) fait si peu de cas à présent de la France et la croit réduite en si mauvais état que cela lui pourrait bien donner de l'audace... Il ne se veut détacher de l'Espagne qu'il croit être seule au monde qui lui puisse faire mal. » Dép. du 2 mai. « Il craint l'Espagnol et méprise la France. » Dép. du 24 juin. « Les ministres ne prêchent plus la Sainte-Écriture. Leur texte est la France, l'affliction et la misère que souffrent leurs frères. » Dép. du 21 juillet.

[2] Id. dép. du 29 mai.

avant, et, quand le roi Jacques donnait tort à son ambassadeur, c'était habitude de dissimulation et de faiblesse. Aussi le reçut-il avec bienveillance, après l'avoir rappelé. « De ce propos, écrit le comte de Tillières au ministre Puisieux [1], je suis entré en celui de M. Herbert, disant que j'avais entendu comme S. M. l'avait reçu avec toutes sortes de faveurs et de courtoisies, et que même il se promettait de retourner en France, que cela était bien contraire aux discours qu'il m'avait tenus en ma dernière audience et aux démonstrations de colère qu'il avait témoignées contre le sieur Herbert, et même au désaveu qu'il avait fait des inconsidérées paroles qu'il avait dites à S. M. et à M. le connétable, ce que j'avais fait savoir par delà. Sur quoi il m'a répliqué qu'étant roi il devait retenir une oreille pour la justification comme pour ouïr les plaintes ; que ce que j'avais écrit en France était vrai, mais que ce qu'il avait dit, ç'avait été sur le fonde-

---

[1] Dép. du 28 septembre.

ment que tout ce que j'avais proposé contre M. Herbert était vrai; mais que depuis, s'en étant voulu éclaircir, il avait trouvé que les choses n'allaient pas comme l'on m'en avait instruit. » Herbert raconte qu'il se justifia en présence du roi et de Buckingham, s'engagea à soutenir son dire en champ clos, et demanda la permission d'expédier un trompette au connétable pour lui offrir le combat. Ce procédé diplomatique ne fut pas agréé, et d'ailleurs le connétable mourut bientôt après (14 décembre 1621). Sur le compte que rendit lord Carlisle[1], envoyé extraordinairement en France, informé par le témoignage d'Arnauld qui avait tout entendu, Herbert fut autorisé bientôt à reprendre son poste. Il tarda quelque temps à partir faute d'argent ; on le payait mal et il s'était endetté dans sa première ambassade.

[1] James Hay, vicomte Doncaster, comte de Carlisle. Le choix de ce personnage avait été désiré par Tillières, quoiqu'il le traite de puritain. Dép. du 12 et du 18 juillet.

Mais il trouva un bon accueil à Paris et à la cour, où personne ne se souciait d'hériter des griefs d'un favori qu'on ne regrettait pas. Et comme la reine Anne était en tête de ceux qui ne le pleuraient pas, il lui demanda, un jour d'audience, jusqu'à quel point elle l'aurait soutenu contre le connétable. Elle répondit que, malgré bien des motifs d'aversion contre M. de Luynes, elle eût été par force ou par raison obligée de se déclarer pour lui. « Il n'y a point de force pour les reines, » répondit-il en espagnol. Anne d'Autriche sourit, mais, je crois, d'un triste sourire.

La politique de la France ne se relevait pas. Le secrétaire d'État Puisieux n'était pas homme à reprendre l'œuvre de Henri IV. La bataille de Prague avait rendu l'ascendant à la ligue catholique allemande. Jacques Ier, toujours plus mécontent de la France, songeait à marier son fils à l'infante d'Espagne. C'est alors que le prince de Galles, accompagné de Buckingham et de quelques gentilshommes, débarqua en France, s'arrêta deux jours à Paris, où il se cacha rue Saint-Jacques, et repartit pour Bayonne, sans que l'ambassadeur eût été prévenu, tant on tenait au secret. Seulement, la veille, un Écossais vint le soir trouver Herbert et lui demanda s'il avait vu le prince. « Quel prince donc ? Le prince de Condé est encore en Italie. » Cet Écossais nomma le prince de Galles et requit assistance pour lui de la part du roi. Herbert se hâta d'aller de grand matin réveiller le secrétaire d'État Puisieux, qui, du plus loin qu'il le vit, lui cria : « Je connais votre affaire aussi bien que vous ; votre prince est parti ce matin en poste pour l'Espagne. » Herbert se borna à demander qu'on ne l'inquiétât pas dans son voyage et à écrire au prince de presser sa marche et de n'avoir sur son chemin nul rapport avec ceux de la Religion. On sait que le mariage manqua et que Charles Stuart revint bientôt par mer en Angleterre (mars 1623).

La France n'avait rien négligé auprès du pape pour obtenir qu'il ne facilitât pas une alliance qu'une cour aussi timidement catholique que celle d'Espagne ne pouvait conclure sans l'aveu du Saint-Siége. La négociation ayant échoué, le projet d'unir le prince de Galles à la sœur de Louis XIII reprit faveur. Par une de ses dépêches qui a été conservée, on voit que dès 1619 Herbert avait trouvé Luynes favorable à ce mariage. Le prince de Condé, qui prenait une grande part aux affaires, s'en montrait zélé partisan. La jeune princesse elle-même y paraissait bien disposée, et disait, quand on lui parlait de la différence de religion, qu'une femme ne devait avoir d'autre volonté que celle de son mari. Herbert insistait fortement pour une alliance désirée, disait-il, par tous les bons Français, et qui dans son opinion devait faire prendre au roi son maître, *défenseur de la foi*, le pas sur le roi d'Espagne, protecteur même en France *du parti jésuite et bigot*[1]. Richelieu, dans ses mé-

---

[1] *The jesuited and bigot party*. Dépêche de Herbert au roi du 31 octobre 1625.— *The Life*, Contin., p. 325.

moires [1], nous apprend quelles furent les difficultés et les conditions du mariage de l'héritier présomptif de la couronne protestante avec la *digne fille de saint Louis*, destinée à soutenir, dit Bossuet, *l'ancienne réputation de la très-chrétienne maison de France*. Herbert dut voir le cardinal de Richelieu monter au ministère (le 22 avril 1624). Il dut même négocier avec lui; mais il ne le nomme même pas.

Le père Séguerend, confesseur du roi, avait prêché devant sa Majesté sur le pardon des injures; seulement, distinguant entre les divers pardons, il avait dit qu'on devait pardonner à ses ennemis, non aux ennemis de Dieu, par exemple aux hérétiques, et que les protestants devaient être *extirpés* partout où ils se trouveraient. Sir Édouard se rendit aussitôt chez la reine mère, qui le recevait sans qu'il demandât audience, et il se plaignit d'un tel sermon, surtout au moment où un projet de mariage entre le

[1] L. XV et XVI.

prince de Galles et la fille de Henri IV était sur le tapis. Marie de Médicis parut l'écouter sans mécontentement; cependant le père Seguerend fut informé, et il chargea un de ses amis de déclarer à l'ambassadeur qu'il n'ignorait pas qu'il l'avait accusé près de Sa Majesté, et qu'il voulait bien que Herbert n'ignorât pas qu'en tout lieu du monde il saurait s'opposer à sa fortune. Une telle menace justifierait ce que Montesquieu a dit des jésuites. L'ambassadeur ne put rien répondre, sinon qu'il n'y avait en France qu'un moine ou une femme qui osât lui envoyer un semblable message. Cependant il se plaignit à la reine, disant qu'il avait parlé sans amertume, qu'une indiscrétion avait averti et exaspéré le confesseur, homme encore plus malicieux qu'une femme. « A moi, femme, me parler ainsi! fit la reine un peu surprise. — Je parle à la reine, reprit Herbert, et non à la femme. » Je ne sais si Marie de Médicis s'accommoda de cette excuse; mais Herbert convient que, s'il eût été ambitieux, il aurait fort bien pu rencontrer le père Segue-rend sur son chemin. Heureusement, assure-t-il, il préférait à tout la vie privée et ses études.

L'affaire du mariage ne fut pas d'ailleurs terminée par ses soins. La conclusion en fut confiée à des ambassadeurs extraordinaires, lord Carlisle et lord Holland [1] (juin 1624). Plus d'une année s'écoula en négociations entre les deux cours, entre Paris et Rome, pour régler l'affaire difficile de la religion. Dans l'intervalle, Jacques Ier mourut (mars 1625). Enfin, le duc de Buckingham vint lui-même chercher la princesse Henriette-Marie de France, et c'est dans ce voyage qu'il éblouit un moment Anne d'Autriche (mai 1625). Il y avait alors un an que sir Édouard Herbert était revenu en Angleterre, et qu'il avait été créé baron d'Irlande sous le titre de lord Herbert de Castle-Island ou de l'île de Kerry.

[1] Henri Rich, créé d'abord lord Kensington, puis comte de Holland sous Jacques Ier, et décapité en 1649.

Mais avant de quitter Paris et de terminer sa vie diplomatique, il avait pris un grand parti. Depuis longtemps, il préparait un ouvrage sérieux. Il l'avait commencé en Angleterre, et les loisirs de son ambassade lui avaient permis de le continuer. Les affaires et les plaisirs lui laissaient du temps pour son livre, *for my book*, comme il dit. Quand il l'eut achevé, il le communiqua à Grotius, naguère échappé de sa prison des Pays-Bas, ainsi qu'à Daniel Tilenus, théologien célèbre parmi les Arminiens et qui avait quitté la Silésie[1]. Tous deux s'était retirés en France, et tous deux lui donnèrent, dit-il, leur approbation et le conseil de le publier. Ce n'est pas une faible preuve de l'indépendance de leurs idées religieuses, et le soupçon d'arianisme et de plus encore, élevé

---

[1] Né à Goldberg en 1563, professeur de théologie à Sedan, il vint à Paris, où il mourut en 1633. Appelé en Angleterre par le roi Jacques, il y fut soupçonné d'hérésie, quoiqu'il eût combattu les presbytériens, mais il avait quitté le calvinisme pour la doctrine des Remontrants. On a de lui plusieurs ouvrages. Les lettres de Grotius sont remplies de ses louanges.

sur le compte de tous deux, trouverait là peut-être une justification nouvelle.

Malgré ce double encouragement, Herbert hésitait encore. L'ouvrage lui paraissait différer de tout ce qu'on avait écrit jusqu'alors. Une nouvelle définition de la vérité, une nouvelle méthode pour la trouver au plutôt pour la reconnaître, y était exposée en dehors de toute autorité. La pensée même du livre était une hardiesse. En effet, elle ne pouvait être plus indépendante. Le droit naturel de l'intelligence humaine y est placé sans détour au-dessus du droit écrit des livres, des codes et même des symboles religieux.

Le philosophe qui n'avait pas encore fait ses preuves, s'effrayait d'un début et songeait à supprimer son ouvrage. Un matin qu'il agitait avec anxiété cette question, sa chambre était éclairée par un beau jour d'été, sa fenêtre ouverte au midi ; le soleil brillait par un temps calme. Herbert, son livre à la main, se jeta à genoux et prononça dévotement ces paroles : « O toi, Dieu éternel, auteur de la lumière qui luit en ce moment sur moi, source de toute illumination intérieure, je te supplie, dans ton infinie bonté, de pardonner une prière qu'un pécheur ne devrait pas faire : je doute, je ne sais si je dois publier mon *De Veritate*. Si ce doit être pour ta gloire, je te supplie de me l'apprendre par quelque signe céleste ; sinon, je supprimerai mon livre. » Il finissait à peine *qu'un bruit fort, mais doux, vint des cieux ; rien sur la terre n'en pouvait produire un pareil.* Et, rassuré, joyeux, il crut sa prière exaucée. Il prend dans ses mémoires Dieu à témoin de l'exactitude de son récit [1].

Ce qui est certain, c'est qu'il fit imprimer son livre à Paris, où la première édition parut en 1624 [2]. C'est son plus important ouvrage, et nous aurons lieu d'y revenir.

[1] *The Life*, page 304.
[2] *De Veritate, prout distinguitur a revelatione, a verisimili a possibili et a falso*. Paris, 1624 et 1636. Une traduction française parut en 1639. Je me suis servi de l'édition de Londres, 1645, dernière imprimée du vivant de l'auteur. Il y en a encore une de 1656.

L'autobiographie de l'auteur est interrompue à l'année où il le publia, et quoiqu'il ait encore vécu vingt-quatre ans, les matériaux manqueraient pour raconter le reste de sa vie. Il ne nous a pas même dit quel fut le succès de son ouvrage. Rien sur la manière dont il le composa, sur les systèmes qui préparèrent le sien ou le provoquèrent par réaction. De retour dans sa patrie, après une mission d'un ordre élevé, pair d'Irlande, auteur d'un ouvrage de philosophie, ayant fait preuve de plusieurs sortes d'esprit, courtisan et militaire, diplomate et philosophe, il devait retrouver une existence brillante et honorée, et c'est le moment où commence dans sa vie une lacune qu'on ne sait comment remplir. Lord Bacon vivait encore. Le *Novum Organum* était imprimé depuis quatre ans. Le traité de l'Accroissement des Sciences depuis dix-neuf. L'*Instauratio magna*, qui réunit ces deux ouvrages, venait de paraître (1623). Et Bacon se tait sur lord Herbert, Herbert ne dit rien de lord Bacon.

Si l'on en juge par leur mutuel silence et par la différence de leurs opinions, l'un ne devait pas être fort satisfait de la philosophie de l'autre. Il pouvait même y avoir entre eux une lutte secrète, et (la supposition est permise) le premier peut avoir philosophé dans un esprit d'opposition à son illustre contemporain. Il n'était pas de ceux qui devaient avoir grande indulgence pour le caractère du chancelier, et la communauté dans les goûts d'esprit et dans le choix des occupations engendre souvent, lorsqu'on ne s'entend pas, le contraire de l'amitié. Enfin nous connaissons si mal la vie de lord Herbert à Londres, quand il ne s'agit pas d'affaires d'honneur, que nous sommes tout à fait hors d'état de répondre à cette question : quels étaient ses rapports avec lord Bacon ?

Sans aucun doute, la publication de son ouvrage fut une date à partir de laquelle sa vie devint plus régulière et plus paisible, en devenant toutefois plus obscure. On sait seulement que, dans la cinquième année de son règne, Charles Ier le créa pair d'Angleterre (1631), et qu'il prit alors le nom de lord Herbert de Cherbury, nom sous lequel il est connu de la postérité. On peut supposer qu'il resta en faveur à la cour, et l'on voit qu'il ne cessa pas de porter un attachement reconnaissant au duc de Buckingham, car il entreprit son éloge ou plutôt son apologie dans une circonstance où le duc encourut le jugement sévère de ses contemporains.

Richelieu s'était donné la tâche un peu contradictoire d'abaisser au dehors l'Autriche et le protestantisme au dedans. Les nœuds de l'alliance avec l'Angleterre, malgré le mariage qui aurait dû réunir les deux dynasties, s'étaient peu à peu desserrés. Charles Ier, déjà en présence de l'opinion qui menaçait d'une révolution, secrètement en lutte avec la religion de sa femme, se laissa conseiller par Buckingham de rompre avec la France et de soutenir les huguenots contre les armées de Louis XIII. La

Saintonge était le théâtre d'une guerre assez animée. La Rochelle, où commandait le duc d'Orléans, ne s'était pas encore déclarée. Les Rohans promirent que leur ville prendrait parti, si le pavillon anglais se montrait dans ces parages. Buckingham partit de Portsmouth, le 27 juin 1627, avec une escadre de près de cent voiles et six à sept mille hommes ou, selon d'autres, seize mille hommes de troupes. Après quelque hésitation, il s'empara d'une grande partie de l'île de Ré, et fit soulever La Rochelle. Le roi marcha sur cette ville pour en commencer le mémorable siége. Dans l'île, le maréchal de Toiras défendit énergiquement le fort de Saint-Martin, et donna le temps d'arriver avec six mille hommes au maréchal de Schomberg, qui força les Anglais à se rembarquer. Cette expédition fit peu d'honneur au duc de Buckingham, qui s'y montra hésitant, incapable et présomptueux, et fut accueilli au retour par les censures du Parlement et de l'opinion. Ce revers d'un favori ne fut pas étranger aux malheurs de Charles I[er1].

C'est pour défendre son protecteur et son ami que lord Herbert prit la plume. Buckingham avait essayé vainement de réparer un premier échec par l'envoi d'une seconde flotte qui revint sans avoir rien fait, et lui-même il en préparait une nouvelle à Portsmouth, lorsqu'il fut assassiné le 2 septembre 1628. A sa demande, Herbert avait commencé une relation de la première expédition. Il l'interrompit à sa mort; mais les écrits qui parurent dans l'intérêt de la France, notamment un récit intitulé *la Descente des Anglais*, puis celui qu'avait publié *le Mercure français*, la relation composée en latin par l'avocat Isnard, enfin celle du jésuite Monet, le décidèrent à reprendre son ouvrage pour répondre aux pré-

[1] D'après Burnet, Buckingham n'aurait aussi honteusement abandonné la partie que parce que le cardinal de Richelieu aurait décidé Louis XIII à faire écrire par sa femme une lettre au favori du roi d'Angleterre. *Hist. de mon temps*, L. I, t. I, p. 100 de la traduction.

tentions de nos historiens. Il en terminait la dédicace au roi Charles Ier dans son château de Montgomery le 10 août 1630. C'est une histoire apologétique, où cependant les fait essentiels ne sont pas dénaturés, et les éloges continuellement donnés à Buckingham n'empêchent pas un lecteur clairvoyant de juger sa conduite. L'auteur, qui paraît avoir travaillé sur de bons matériaux, n'a eu que le tort de choisir cette occasion pour étaler son érudition. Il a écrit en latin par lui-même ou par procureur, et pris ou fait prendre à son secrétaire une peine aussi puérile que malheureuse pour exprimer dans cette langue les détails techniques de la guerre moderne. Sans paraître se souvenir qu'il eût été diplomate et militaire, il a pris le ton d'un savant, le ton que commençaient à fuir les savants du dix-septième siècle; il a multiplié les citations, surtout les citations grecques, en semant sa narration des fleurs d'une rhétorique pédantesque. C'est la seule fois qu'il ait écrit avec affectation. L'ouvrage, curieux et qui n'est pas à dédaigner sous le rapport historique, n'a pour nous d'autre mérite que de montrer sous un nouveau jour les connaissances et les prétentions d'un homme qui semble avoir eu plusieurs caractères. Au reste, pour des raisons qu'on ne peut que soupçonner, il ne publia pas cet ouvrage de son vivant, et ce n'est qu'en 1656 qu'un docteur de l'université d'Oxford, Baldwin, du collége d'All-Souls, l'imprima pour la première fois[1].

Ce n'était pas le premier travail historique de l'auteur. Un autre ouvrage bien supérieur et dont la date semble incertaine, est l'histoire du règne de Henri VIII, qui n'a aussi paru qu'après sa mort, et qu'il avait composée à la demande de Jacques I[er][2]. Locke, dans ses *Conseils de lecture*

---

[1] *Expeditio in Ream insulam, authore Edovardo, Dom. Herbert, Barone of Cherbury in Anglia et Castri insula de Kerry in Hibernia, et pare utriusque regni in 1630.* Londres, 1656. — Le style a probablement été revu par Thomas Master.

[2] *The Life and Raigne of King Henry the eigth, by Edward, lord Herbert of Cherbury.* Lond. 1649. Il y en a eu quatre édi-

pour un gentilhomme, désigne cet ouvrage avec l'histoire de Henri VII du chancelier Bacon, comme les deux meilleurs fragments de l'histoire d'Angleterre[1]. Horace Walpole en parle comme d'un chef-d'œuvre de biographie historique. Hallam trouve l'ouvrage écrit d'un style mâle et judicieux. L'anglais de lord Herbert est certainement très-préférable à son latin. C'est une diction simple et nerveuse, une narration claire. La connaissance et l'exposition des affaires et des guerres de l'Europe ne laissent rien à désirer. On rencontre çà et là quelques traits heureux, quelques réflexions justes ; mais ni le récit n'est assez animé, ni le jugement assez hardi. L'auteur écrit l'histoire comme on faisait de son temps, cherchant à la rendre instructive, sans se soucier qu'elle soit attachante. Comme il travaillait par ordre du roi, qu'il remercie dans sa

---

tions. Walpole en a imprimé une cinquième à Strawberry-Hill.

[1] *Some thoughts concerning reading and study for a gentleman. Locke*, t. III.

dédicace de lui avoir donné des documents et des conseils, il a beau se vanter d'avoir écrit d'*une plume libre*, on ne s'étonnera pas de le trouver dépourvu de la première qualité de l'historien, l'indépendance. Sans doute, on n'en exigeait pas alors autant qu'aujourd'hui ; mais sa justice n'est vraiment pas assez rigoureuse. Soit respect pour la royauté ou pour de vaines formes légales, soit embarras causé par ce fond de popularité qui n'a jamais abandonné Henri VIII, il ménage un tyran bizarre dont les cruautés ressemblaient à des folies ; il lui cherche des excuses ; tantôt c'est la grandeur, tantôt c'est la passion, tantôt c'est le tempérament : « C'était une âme où régnait la tempête, dit-il, et comment un sujet oserait-il juger la souveraineté? » Scrupule étrange, ainsi que l'a remarqué Walpole, dans un homme que nous verrons prendre parti contre Charles Ier.

Il ne faudrait pas cependant le soupçonner d'avoir dissimulé tous les crimes du père d'Élisabeth. Seulement il hésite à nommer les choses par leur nom, et il ne dit pas tout. Il est vrai que, pour les dernières années du règne, l'ouvrage est fort abrégé, et semble dans cette partie rédigé à la hâte ou sur des documents insuffisants. Peut-être lui en coûtait-il de s'appesantir sur un temps qu'il qualifie lui-même d'époque sanglante (*a bloody time*). Le prétexte de la religion ne pouvait cependant en imposer à sa conscience. En bon Anglais, il est favorable à la Réforme, mais il l'est sans enthousiasme, et les coups de tyrannie contre les catholiques ou les dissidents sont loin de le charmer. Il est froid pour toutes les causes que son temps trouvait sacrées. Il semble en avant d'un siècle par son indifférence pour les querelles dogmatiques, et ne sent pas même toute l'importance de l'événement qui changea la foi de l'Angleterre. Sous ce rapport, il y a des lacunes dans son livre, parce qu'il y en avait dans son esprit.

Ce qu'il y aurait de mieux à dire en sa faveur,

c'est qu'il écrit en royaliste. Il l'était en effet, et il n'était rien de plus, au moins dans sa jeunesse: il n'y avait point alors de parti pour ou contre la monarchie, et il pensait en homme de cour et en serviteur de la couronne. Ses mémoires, ainsi que son histoire de Henri VIII, sont écrits dans cet esprit, que jusqu'ici sa conduite n'a pas démenti. Une fois entré au Parlement par la Chambre haute, que devint-il? quelle part prit-il à la politique qui ne tarda pas à devenir orageuse? Douze ou quinze ans se passèrent pendant lesquels nous ne savons absolument rien de lui, et rien jusqu'ici ne nous a fait soupçonner qu'il fût accessible aux idées et aux passions qui soulevèrent successivement une si grande partie de la noblesse et du peuple et contre Buckingham, et contre Strafford, et enfin contre Charles Ier. Cependant, lorsque décidément la lutte s'engagea, on dit qu'il prit d'abord parti pour le pays, non cependant qu'il abordât la pensée d'une révolution ; car dès le 20 mai 1642, sur une résolution portant que, toutes les fois que le roi fait la guerre au Parlement, il trahit son serment et le peuple, Herbert dit qu'il la voterait, s'il était bien assuré que le roi fît la guerre sans motif, *without cause*. Cette parole blessa la Chambre, qui lui ordonna de quitter la séance et le commit à la garde d'un huissier. Il était tard, et l'on renvoya toute décision au lendemain. Ce jour-là, il fit présenter aux lords une pétition par laquelle il exprimait son chagrin d'avoir laissé échapper de certaines paroles et demanda qu'on les interprétât avec bienveillance. On se contenta de cet acte de soumission ; on l'autorisa à rentrer dans sa maison, même à se retirer à la campagne pour soigner sa santé, et, s'il le fallait, à passer sur le continent avec permission de résider en France ou d'aller aux eaux de Spa. Il paraît qu'il usa de cette faveur pour se rendre sur-le-champ à York, où était le roi, car un appel ordonné par la Chambre le 25 mai suivant pour constater le nombre des lords absents qui avaient rejoint Charles Iᵉʳ, désigne trente-deux noms dont le dernier est celui de lord Herbert de Cherbury[1]. Au mois de janvier 1644, il est encore porté parmi les pairs absents pour le service de Sa Majesté ou par sa permission, sur la liste des membres du Parlement qui, obéissant à la convocation royale, formèrent ce qui fut appelé la convention d'Oxford. Mais le 7 septembre, Whitelock dit positivement qu'il vint à la séance du Parlement. Peut-être entre sa visite à York et ce retour à la Chambre avait-il voyagé au dehors; car dès 1643, dans une lettre intime, écrite à son frère, sir Henri Herbert, il dit déjà qu'il ne peut plus supporter aucun travail et qu'il songe aux eaux de Spa pour se rétablir[2]. Son âge, sa santé, ses dispositions, tout porterait à croire qu'il se retira de la vie publique, et s'absenta, autant qu'il le put, pendant ces années de

[1] *Parlem. hist.*, t. II, col. 1242 et 1296. — *The Life*, p. 326.
[2] *The Life*, p. 327. — *Parl. hist.*, t. III, col. 218. — Whitelock, *Mem.*, p. 105, Lond., 1732.

troubles et de périls. Cependant quelques écrivains, notamment Horace Walpole, disent en termes exprès qu'il combattit sous le drapeau parlementaire. Whitelock rapporte que, le 25 février 1645, un traitement lui fut alloué à raison des spoliations qu'il avait souffertes de la part des troupes royales. L'année suivante, le Parlement ordonna qu'il rentrât en possession de son château ; c'était, dit-on, son château de Montgomery démoli pendant la guerre, et il aurait, lui ou sa famille, reçu même une indemnité. On trouve en outre un ordre de la Chambre du 30 juin 1647 qui prescrit aux pairs absents lors d'un premier appel de se trouver à la prochaine séance sans faute et sans excuse, et lord Herbert est parmi les pairs nominativement convoqués[1]. Or il est peu probable que ce soit lord Herbert de Ragland qui est ainsi désigné[2].

[1] Hor. Walp., *Roy. and nobl. auth.*, t. V, p. 364. Aubrey, *Lett. by emin. person.*, t. II, part. II, p. 387. Wood, *Athen. oxon.*, t. III, p. 239 ; Lond., 1817. Whitelock, p. 134 et 241.

[2] Un descendant des Plantagenets épousa vers la fin du quin-

Toutefois, il règne sur la conduite politique de lord Cherbury, à cette époque, une obscurité qui embarrasse les écrivains eux-mêmes, et l'histoire ne donne aucun témoignage publié jusqu'ici qui puisse la dissiper. Peut-être la confusion des noms en est-elle la cause. Le comte de Glamorgan est appelé aussi lord Herbert ; il fut fort employé pour les affaires du roi, ainsi que sir Édouard Herbert, attorney général. Philippe Herbert, comte de Pembroke, suivit au contraire la république et Cromwell, jusqu'à se démettre de la pairie, et un pamphlet du temps désigne Henri Herbert, peut-être le frère de Cherbury, commme ayant reçu du Parlement

zième siècle Élisabeth, unique héritière de lord Herbert de Ragland, comte de Huntingdon et de Pembroke, et prit sous Henri VII le premier titre de son beau-père, puis devint marquis de Worcester. Un de ses descendants eut un fils, zélé royaliste comme lui, qui s'appela lord Herbert de Ragland, puis fut fait comte de Glamorgan, et enfin duc de Beaufort. C'est ainsi que le titre de lord Herbert de Ragland, Chepstow et Gower est passé dans cette maison. Dugdale, *View of the late troubles*, p. 205. Lingard, *Hist.*, 5e édition, t. III, col. 727.

trois mille livres sterling et le pillage (probablement l'indemnité du pillage) du château de Ragland. Peut-être est-ce ce château que Whitelock a confondu avec celui de Montgomery[1]. Cherbury ne paraît avoir si brusquement changé de camp que par ce que, après avoir rejoint le roi, il aura renoncé sans bruit à la politique, et voulu s'assurer le bénéfice de sa retraite en se ménageant avec tous les partis, ou du moins en laissant ses amis et ses parents prendre, suivant le temps, soin de ses intérêts. On voit que, pendant les troubles, il fit pour sa santé plus d'un voyage sur le continent. En publiant dans l'année 1645 la troisième édition de son traité *de la Vérité*, il se plaint de la fatigue de l'âge et du malheur des temps[2]. Ce qui est certain, c'est que ni son esprit ni son caractère ne faisait de lui un homme politique. Enfin nous voyons qu'au mois de septembre

---

[1] Lodge, *Portr. of illust. pers.*, t. II. — *Parl. hist.*, t. III, App.
[2] *De Causis error.*, p. 124 dans l'édition du *de Veritate* de 1645.

1647, il vint à Paris et rendit visite à Gassendi.

Treize ans auparavant, il lui avait fait remettre son livre par Diodati, et quoique Gassendi lui en eût écrit son avis que nous avons encore, la lettre ne lui était point parvenue[1]. Ce voyage en France fut certainement le dernier, et dut être entrepris pour des raisons de santé, car l'année suivante, le 20 août 1648, lord Herbert mourut à Londres dans sa maison de la Cité, Queen-Street. Ainsi il n'assista pas aux dernières extrémités de la révolution.

La religion, telle que la concevait lord Herbert, tenait une juste place dans sa vie et remplissait son cœur de calme et de sérénité. Dès son enfance, dans deux pièces de vers latins

---

[1] On trouve ces détails dans la lettre même, publiée en fragment dans les œuvres de Gassendi. « Cum me invisisset illustrissimus Baro postridie kalendas septemb. 1647, et redditas sibi non fuisse meas litteras contestaretur. » C'était *Diodatus noster*, Diodati, avocat au parlement et ami de Peiresc, qui avait remis à Gassendi, en 1634 ou auparavant, le *de Veritate* de la part de lord Herbert. — *Ep. cit.* dans les *Op. om.*, t. III, p. 411.

qu'il nous a lui-même conservées[1], il exprimait assez heureusement une ferme confiance dans la certitude de l'autre vie. De bonne heure, témoin indigné des violences de la passion religieuse, il entra en défiance de la certitude des dogmes particuliers qui devenaient la source de tant de dissidences haineuses, et qui ne semblaient plus avoir été donnés à l'humanité pour son amendement et son bonheur. Il conçut enfin cette pensée que les vérités religieuses qui n'avaient jamais armé les hommes les uns contre les autres, étaient les plus manifestement divines et les seules indubitables, et il ramena cette religion de la nature à cinq dogmes qu'il tint pour fondamentaux et universels. C'étaient l'existence d'un Dieu, père suprême de toutes choses, l'obligation de l'honorer par un culte, la piété et la vertu considérées comme le culte le plus digne de lui, la nécessité d'expier les fautes par le re-

---

[1] *The Life*, p. 51.

pentir, la certitude d'une justice céleste après cette vie. Ce symbole se retrouve dans tous ses ouvrages, et il n'a négligé aucune occasion de le confesser hautement[1]. La religion de l'Église n'était plus pour lui que la forme respectable qu'avaient revêtue, par la volonté divine, les vérités de la religion naturelle, et, plaçant la grâce après la nature, comme le particulier après l'universel, il adhérait au christianisme sans l'imposer et l'honorait comme une consolation et un appui. Dans les vingt dernières années de sa vie, il réglait sa conduite sur ces principes. Il avait, pour son usage, composé une prière[2] qui, sans être d'une éloquence remarquable, exprime avec beaucoup d'effusion cette foi reconnaissante en un Dieu créateur, qui l'a comblé de biens, et qui, en lui inspirant l'amour

---

[1] *The Life*, p. 65, 322 — *Raigne of Henry VIII.* — *Hæredib. ac nepot. præcept.*, p. 1; *de Verit.* in fin. — Ouvrages philosophiq., *passim*.
[2] *The Life*, p. 332.

de la beauté éternelle, lui a donné les moyens de le connaître, le désir de lui ressembler, l'espérance de s'unir à lui. Il récitait cette prière deux fois chaque jour, au milieu des gens de sa maison, et, le dimanche, son chapelain lui lisait un sermon de Smyth. A son lit de mort, il fit appeler Usher, le primat d'Irlande, pour lui donner le sacrement, comme une chose, dit-il dans sa sincérité, qui ne devait être que bonne, qui du moins ne pouvait faire aucun mal. Cette déclaration ne fut point du goût du prélat, qui finit par refuser le sacrement. Le mourant alors demanda l'heure qu'il était et dit : « Dans une heure, j'aurai quitté ce monde. » Puis, tournant la tête d'un autre côté, il expira dans le plus grand calme[1]. Il est du petit nombre de ces hom-

---

[1] Usher fut blâmé. C'est le savant plus connu sous le nom d'Usserius. Lord Herbert avait deux chapelains, le docteur Coote, de Cambridge, et Thomas Master, d'Oxford. On ne connaît pas de prédicateur de ce temps qui s'appelât Smyth. S'il faut lire Smith, ce peut être John, du collége de Saint-Jean, à Oxford, successeur de Lancelot Andrews comme lecteur à Saint-Paul, ministre à

mes remarquables qui ont porté la piété dans la religion naturelle.

Il fut enseveli à Londres dans l'église de Saint-Gilès-des-Champs. Une inscription latine insignifiante y fut gravée sur son tombeau par lord Stanhope[1]. Il en avait composé lui-même une en huit vers anglais destinée au monument allégorique élevé à sa mémoire dans l'église de Montgomery, et dont il avait laissé le projet et la description écrite[2]. Cette épitaphe respire une

---

Clavering, né en 1563, mort en 1616. On a de lui une exposition du *Credo*, et soixante-treize sermons suivant Chalmers, ou vingt-trois suivant Watt. Ses œuvres ont été publiées à Londres par J. Hart, en 1637. Lord Herbert laissa deux bibliothèques, l'une à Londres, l'autre à son château de Montgomery; il en donna une au collége de Jésus d'Oxford. — *The Life*, p. 303; Aubrey, *Letters*, t. II, part. II, p, 387. A. Chalmers, *Biog. Dict.*; Watt, *Biblioth. brit.*

[1] Charles, second lord Stanhope depuis 1620, mort en 1675. Cependant le *Peerage* de Collins dit qu'il passa sur le continent tout le temps que dura la rébellion contre Charles Ier.

[2] Sur une plate-forme carrée, de quatorze pieds anglais, devait s'élever une colonne dorique de quinze pieds, dont le chapiteau supporterait une urne avec un cœur enflammé (*an Heart Flamboul?*) soutenu par deux anges. Le pied de cette colonne entouré de quatre anges placés sur des piédestaux à chaque coin

pleine espérance de paix, de joie, de vérité et d'amour.

« Quel homme es-tu, toi qui es tant d'hommes ensemble, toi qui as toutes les vertus, Herbert[1]? » disait Ben Jonson en très-bons vers. *Toutes les vertus*, c'est beaucoup dire, si du moins la modestie, la simplicité, la douceur méritent ce nom. Mais le savoir, l'esprit, la valeur, le jugement (du moins dans les matières spéculatives), nous concevons ces éloges. Nous ne contestons ni l'élévation, ni la droiture bien exprimées par ces mots :

> Thy standing upright to thyself, thy ends
> Like straight..,

de la plate-forme, deux ayant des torches renversées, éteignant *le mot de mortalité;* les deux autres élevant des palmes, emblèmes de victoire. Fuller, qui décrit ce monument, dit qu'il n'était pas fini en 1662. *Worthies,* t. II.

[1] « All virtuous Herbert. » Ben Jonson, *Works,* epig. 116, t. VIII, p. 217. Le même Fuller déclare Herbert un excellent *artiste* et un rare *linguiste,* dont le traité *de la Vérité* écrit en français est prisé si haut sur le continent, qu'il est, à ce qu'on lui a dit, conservé en grand honneur dans le Vatican du pape. *Loc. cit.*

Nous nous sommes expliqué sur la piété. Mais lord Herbert devait être plus fier qu'aimable et un honnête homme assez déplaisant.

Nous avons maintenant à considérer en lui l'écrivain et le philosophe. Quelques-uns de ses ouvrages ont déjà passé sous nos yeux, et l'on a vu que son mérite littéraire n'est pas du premier ordre. Ses poésies, car il a fait aussi des vers, ne le relèveraient pas. Ses vers latins sur cette vie et la vie céleste sont un bon travail d'écolier ; et une longue épître morale adressée à ses neveux contient une suite de préceptes assez heureusement exprimés sur la conduite de la vie [1]. A côté de ses opinions religieuses, on y trouve ses idées sur le monde et les conseils d'une expérience éclairée. Ses poésies anglaises, publiées par son second fils [2], sont d'un genre moins sérieux.

---

[1] *Hæred. et Nepot. suis præcepta et consilia*, p. 1, in fin. de l'ed. de 1645 du *de Veritate*.

[2] *Occasional Verses of Edward, lord Herbert, baron of Cherbury and Castle-Island, who deceased en* 1648. Lond. 1665. Publié par Henri Herbert, son second fils, et dédié à

Quelques-unes sont ingénieuses, la plupart obscures; l'amour en est le sujet ordinaire, un amour platonique, exprimé cependant avec plus de recherche que de délicatesse. On doit remarquer des strophes sur cette question : L'amour continuera-t-il dans l'éternité? En s'entretenant par un beau jour dans une belle campagne, Mélandre et Celinde la résolvent bien entendu par l'affirmative. Le philosophe avait écrit que toutes les facultés qui aiment, survivent avec l'âme[1]. Le

---

Édouard, lord Herbert, son petit-fils. L'aîné de ses fils, Richard, lord Herbert, s'était montré fidèle aux Stuarts; il était mort en 1655. Le petit-fils se déclara pour Charles II en 1659. Il eut pour successeur son frère Henri, mort en 1691 sans postérité. La pairie fut transférée trois ans après à Henri, fils du sixième frère du premier lord, et le second de cette création, qui succéda à son père en 1709, n'eut point d'enfants et mourut en 1738. La pairie éteinte fut relevée en 1743 pour Henri-Arthur, dont nous avons parlé ci-dessus, p. 2. Celui-ci eut un fils, second comte de Powis, qui ne fut point marié et dont la sœur épousa le second lord Clive, fait comte de Powis en 1804. Son petit-fils porte à présent ce titre. Robert Herbert, douzième comte de Pembroke et de Montgomery, représente l'autre branche de cette famille. C'est le frère de Sidney Herbert. (Collins, *Peerage*.)

[1] *Totæ facultates quæ amant, sperant, fidunt, serenant, gaudent, totæ libertates supersunt.* — *De Verit.*, p. 92.

poëte exprime la même idée avec assez de mouvement et d'élévation [1].

Le style de lord Herbert, dans ses Mémoires et dans son Histoire de Henri VIII, mérite des éloges, mais il n'est ni brillant ni animé. Sa latinité, très-affectée dans sa relation de l'expédition de l'île de Ré, est meilleure et plus coulante dans son ouvrage sur la religion des gentils. On dit que Thomas Master, prédicateur très-versé dans l'étude des langues, l'aidait dans ses travaux, et surtout à mettre ses ouvrages en latin [2]. La diction de ses écrits philosophiques n'est ni élégante ni recherchée. Mais elle ne manque pas de justesse ni de propriété, une fois qu'on a accepté, dans le sens qui lui plaît, quelques mots qu'il détourne de leur signification ordinaire pour en faire les expressions sacramentelles de sa doctrine. Mais cette doctrine, il est temps de la mieux connaître, si l'on veut en juger l'expression.

[1] *The Life*, p. 344.
[2] Il mourut à Oxford, en 1643, et lord Herbert lui composa une épitaphe latine. — *Occas. verses*, p. 94.

CHAPITRE II

LORD HERBERT DE CHERBURY. — SA DOCTRINE.

La vérité existe (nous laissons parler Herbert). C'est un principe que supposent toutes les écoles et toutes les églises. Toutes prétendent connaître la vérité, mais toutes n'établissent pas les moyens de la connaître. Une méthode pour la recherche de la vérité est cependant le préalable nécessaire de toute science, sujet nouveau, pour lequel il faut un écrivain qui n'ait aucun intérêt à ménager, qui philosophe librement, qui cherche la vérité sans récompense. *Libere philoso-*

phemur, c'est le mot qui se lisait déjà dans William Gilbert[1].

Les opinions des siècles passées ont un tel empire que personne n'a une méthode à soi. Chacun s'asservit à une règle étrangère. De là tant de divisions, de sectes, de schismes, qui torturent la bonté primitive des choses[2]. On veut la vérité, et l'on ne s'avise pas de rechercher ce qu'elle peut être. Dans l'antiquité, les uns ont dit qu'on pouvait tout savoir, les autres rien. Plus tard sont venus ceux qui se rapprochant des derniers, mettent la foi avant la raison et jugent ainsi la cause avant de l'avoir entendue. Mais pour ceux-là comme pour tous, il y a des notions communes ou des principes de démonstration reçus. On s'appuie sur ces principes, sans que par aucun jugement préalable nos facultés en aient établi la certitude. Nous tenons

---

[1] « Libere philosophemur... Veritatem sine dote quæramus. » — (*De Verit.*, Lect. ingen).

[2] « Ipsa etiam rerum vexatur bonitas. » *De Verit.*, p. 1.

pour vrai l'unanime. En effet, ce qui se fait partout ne se peut faire sans une providence universelle qui ait tout disposé ainsi. Il y a donc comme un instinct naturel, qui opère sans raison dans les choses, comme il y en a un dans les animaux et dans l'homme et qui pourvoit à leur conservation. Le consentement universel suppose aussi une sorte d'instinct naturel. Ces mots sont l'abrégé de la doctrine de lord Herbert. Longtemps agité entre les sollicitations et les menaces de tous les partis, il a cherché cette vérité, attribut commun que s'approprient toutes les doctrines. Mais, las de leurs discordes, il a rejeté tous les livres[1].

Il faut entendre par facultés les forces ou puissances de l'âme qui se met par elles en rapport avec les objets. Chaque objet suppose une faculté, c'est-à-dire une faculté propre de le percevoir ou de le concevoir[2]. L'accord, ce qu'il appelle la con-

[1] « Dehinc abjectis libris. » p. 3.
[2] *Facultas animæ illa vis interna quæ diversum sensum ad*

formité, ne s'établit pas immédiatement entre la faculté et l'objet. La condition éminente de conformité entre les facultés et les objets est la vérité. Ainsi une faculté nous pousse vers la béatitude éternelle ; entre cette faculté et son objet, une condition est nécessaire, la vérité de la religion. A cette condition la béatitude est possible.

Ce qui affecte identiquement les facultés est une valeur constante; une rose est aujourd'hui ce qu'elle était à Troie. Du consentement du genre humain, les facultés sont partout les mêmes ; elles sont ce qu'elles ont toujours été. Ce que l'humanité pense des facultés doit se dire de leurs objets et d'une Providence

diversum objectum explicat. Le mot *faculté* est ici à peu près comme le mot *idée* dans la philosophie de Locke. Il désigne, non ce qu'on appellerait aujourd'hui la faculté, mais l'acte de la faculté de percevoir, en tant que celle-ci nous met en contact avec les choses. Comme il y a une idée de chaque chose, Herbert entend qu'il y a une faculté pour chaque chose. Le rapport qui existe entre cette faculté et la chose, il l'appelle en général *analogie.* De sorte que l'homme est en quelque sorte *analogue* aux choses. — *De Verit., Elench. Verbor.* et *passim.*

universelle dans les choses, attestée par cette permanence et cette identité. La recherche de la vérité serait donc la recherche du nombre et de l'ordre des facultés, et des lois d'après lesquelles elles se mettent d'accord avec leurs objets propres ou communs. D'où la doctrine générale de la vérité peut être ramenée à *une conformation régulière des facultés, proba facultatum conformatio*[1].

1° La vérité est. Si l'on admet ce principe (il ne peut trouver d'opposition que chez les sceptiques et les fous), on doit admettre six autres propositions que lord Herbert y rattache comme fondamentales.

2° La vérité a l'être pour sujet. Elle est donc

---

[1] *De Verit.*, p. 1-7. Cette définition de la vérité est établie polémiquement par Herbert contre ces autres définitions. — « *Id quod est, rectitudo sola mente perceptibilis, adæquatio, congruentia rei et intellectus*, etc. » Ces définitions sont celles de la scolastique. « *Quum veritas intellectus sit adæquatio intellectus et rei. Summ. cont. gent.*, l. 1, c. LIX. » Tout cela est une déduction assez imparfaite à mon sens du chapitre IV du liv. V de la *Métaphysique* d'Aristote.

autant que la chose est, éternelle dans les choses éternelles.

3° Elle est partout; car tout ce qui est est vrai; tout a sa vérité, même le non-être.

4° Elle est manifeste en soi. Elle ne l'est en nous ou pour nous que conditionnellement, car il faut que la vérité de l'apparence réponde à celle de la chose. Celle-ci est absolue. Mais tandis qu'elle subsiste dans l'objet, la vérité de l'apparence en peut être comme détachée, et conservée dans la mémoire comme une espèce, une forme, une idée, *species*. Ainsi l'image de ce qui est beau nous affecte de la même manière que le beau réel lui-même.

5° Il y a autant de vérités que de différences dans les choses. Les différences sont ou communes ou propres. Parmi les premières, les unes sont plus générales, les autres le sont moins. De là l'échelle des genres qui se termine à l'espèce, laquelle est désignée, caractérisée par la différence constitutive [1]. De ces différences ou caractères des choses, résulte la possibilité de les comparer, de les distinguer. Ce sont les fondements des rapports des choses, de cette science des rapports qu'on pourrait appeler l'analogie.

6° C'est par les facultés qui sont en nous que nous connaissons les différences des choses. Toute différence suppose un être individuel en qui elle réside, et cet être a en nous un je ne sais quoi d'analogue; c'est-à-dire qu'à la vérité de la chose et de l'apparence répond la vérité du concept. Il n'y a pas toujours équation entre la chose et le concept. Celui-ci peut être altéré par l'infirmité de l'organe ou par des opinions préconçues. Qui jugera si nos facultés préliminaires [2] ont bien ou mal opéré? La vérité de l'intellect.

---

[1] « Rei quidditas, » p. 10. Ici, il s'agit de l'idée en tant que *spécifiant* la chose ou de l'espèce proprement dite.

[2] Je rends par cet équivalent l'expression *facultates prodromæ* par laquelle sont désignées les facultés qui vont comme au devant des choses, qui sont les premières en avant, pour nous mettre en rapport avec elles, les facultés de la perception externe.

7° Celle-ci est la vérité des vérités précédentes. Le jugement qui les vérifie ne peut être rendu qu'en vertu d'une intelligence innée ou de ses notions communes, et dans les cas où il y a possibilité d'accord, conformité possible entre les caractères de l'objet et les facultés qui y répondent en nous ; car bien des choses nous sont étrangères, inconnues, et c'est folie que prétendre en savoir plus que ses facultés [1].

Ainsi la vérité de la chose est une conformité de la chose avec elle-même ; — la vérité de l'apparence, une conformité conditionnelle de l'apparence avec la chose ; — la vérité du concept, une conformité conditionnelle entre une faculté et la chose selon ses apparences ; — enfin la vérité de l'intelligence est une juste conformité, entre toutes ces conformités, une vérité de toutes ces vérités.

Toute notre vérité étant conformité est rela-

---

[1] « Qui... ultra facultates sapit desipit, » p. 11.

tion ; ainsi, dans le langage de l'École, toutes les vérités sont des habitudes traduites en acte, c'est-à-dire senties, ou, comme on dirait à présent, les qualités des choses en tant que perçues. Abstraction faite de la vérité de la chose qui est en soi, il y a donc deux termes extrêmes, ce qui est *conformé, conformatur*, ou l'objet, ce qui *conforme, conformat*, ou la faculté[1]. Entre deux, sont les conditions, les moyens, les lois. L'objet est vrai ou adéquat, lorsque, en tant qu'il intéresse nos facultés correspondantes, il les modifie de sorte qu'il n'y ait rien en lui qu'elles n'atteignent. En est-il ainsi jamais? On en peut douter. Mais enfin il y a une harmonie, une certaine concordance entre les choses et nous. Il y a comme une communauté d'extraction, *cognatio*. Reste à savoir quelles sont les lois ou conditions de ces rapports.

[1] L'objet répond à une forme dans l'esprit. Il y a conformité entre l'objet et l'esprit. L'objet est *conformé*, l'esprit *conforme*, c'est-à-dire lui applique une forme analogue.

Il y a quatre conditions : 1° que l'objet soit du ressort de nos facultés, qu'il y ait correspondance, analogie entre l'objet et nous. C'est une notion commune que tout n'est point de notre ressort, par exemple, certains corps célestes perdus pour nous dans les cieux; 2° que l'objet ait une juste grandeur. C'est une notion commune qu'en toute chose un minimum peut être conçu qui n'est accessible qu'à l'intelligence. Tel est l'atome; l'infiniment grand est dans le même cas; 3° que l'objet ait une différence caractéristique. L'indéterminé est indiscernable, et ne peut être connu. Toute différence est le signe d'un principe d'individuation, sa matière ou plutôt sa substance, à laquelle répond une faculté qui lui est afférente. Le microcosme est l'analogue du macrocosme; 4° qu'il y ait homogénéité entre l'objet et une certaine faculté; un rapport général ne suffit pas; il en faut un spécial, qu'on peut appeler *cognation* ou homogénéité.

La vérité de l'apparence veut d'abord que le

phénomène ait une certaine durée. Puis, il faut un *medium* par où s'opère le passage, comme par exemple le sens de la vue. Il faut enfin une juste distance et une position convenable ; ces conditions s'expliquent d'elles-mêmes.

On voit que si la vérité de la chose est le prototype, la vérité de l'apparence est l'ectype, ou la forme équivalente de la chose : *forma vicaria rei*. Conformée par le concept, ou si l'on veut reproduite dans la conception, elle peut être conservée dans la mémoire. Mais cette vérité de concept ne répond pas nécessairement à la vérité de l'apparence. Le concept peut être faux, si ses conditions ne sont pas remplies, c'est-à-dire si l'organe n'est pas dans une intégrité parfaite, par l'effet d'une cause extérieure ou d'un accident qui lui soit propre, si la faculté qui doit sentir, qui se sent sentir[1], hésite ou fléchit, enfin s'il n'est pas fait application de la faculté con-

---

[1] « Facultas quæ se sentit sentire. » P. 25.

venable : si par exemple on veut connaître par l'ouïe l'odeur, par le sens externe ce qui est du ressort du sens interne, par le raisonnement ce qui dépend des notions communes[1].

De ces conditions qui suffisent pour les vérités simples, il résulte que les facultés n'entrent en conformité qu'avec leurs objets propres et homogènes; aussi l'infini n'est-il compris que d'une manière finie, l'éternité que sous la raison du temps. Comment y a-t-il dans le for intérieur des facultés qui répondent à l'infini, à l'éternité? C'est qu'elles sont elles-mêmes éternelles, et doivent nous survivre. Mais nos notions communes nous apprennent que l'infini en tout genre excède nos conceptions et que nous devons prendre patience en ce monde.

Il n'a encore été rien dit de la vérité de l'intellect. L'intelligence est chose divine. Elle n'a pas besoin de secours externes pour posséder les

---

[1] *De Verit.*, p. 7-26.

vérités qui lui sont propres. Ces vérités, ce sont les notions communes. Elles semblent muettes, quand la présence des objets ne les provoque pas ; quelquefois même elles ne répondent point à leur appel. Cependant elles ne peuvent demeurer dans une inertie absolue. Elles existent chez tout homme sain et sensé. Son esprit, qui les a reçues du ciel, juge par elles de tous les objets qui entrent en scène devant lui[1]. Qu'il s'agisse de choses connues ou nouvelles, l'intelligence seule peut distinguer si les facultés qui vont au-devant de l'objet ont touché la vérité. Puis, combinant les idées des choses sous des conditions régulières, elle se les représente dans le for intérieur (c'est par ce nom que lord Herbert désigne la conscience) comme bonnes et conformes, ou comme mauvaises et difformes. « Tant s'en faut qu'ils soient déduits de l'expérience, ces élé-

---

[1] Notitiæ quædam communes in omni homine sano et integro existentes, quibus tanquam cœlitus imbuta mens nostra de objectis hoc in theatro prodeuntibus decernit, » P. 27.

ments où ces principes sacrés, que sans quelques-uns d'entre eux, sans un d'entre eux au moins, nous ne pouvons ni expérimenter ni observer[1]. » S'il n'avait été écrit en nous que nous devons rechercher la nature des choses (car ce ne sont pas les objets qui nous enseignent cela), si quelques notions générales ne nous étaient données d'origine, touchant cette nature même, jamais il ne nous serait arrivé de distinguer les choses entre elles et d'aller à la poursuite d'une commune nature inconnue, à la découverte de l'essence[2]. Les choses dont la vue nous inspire la crainte seraient d'inutiles apparitions, s'il n'existait en nous une disposition naturelle à au-

---

[1] P. 28 Cf. p. 48 et 54 « On peut, dit Kant,... démontrer la réalité des principes purs *a priori* dans notre connaissance par leur nécessité pour la possibilité de l'expérience même ; car où l'expérience prendrait-elle sa certitude, si toutes les règles suivant lesquelles elle procède étaient toujours empiriques et, par conséquent, contingentes ? » *Crit. de la rais. pur.*, Introd. II.

[2] *Communis aliqua natura* est l'essence générale de l'individu, ce qui le spécifie et le définit, comme l'humanité dans les hommes, l'animalité dans les animaux. P. 28.

gurer le bien et le mal. Comment distinguer entre ce qui vient de l'objet et ce que nous lui attribuons, comment démêler le bien et le mal, l'utile et le nuisible, si la nature ne nous guide? Il y a même des facultés plus profondément cachées qui s'éveillent et se montrent excitées par des objets. Rien n'arrive jusqu'à nous qui n'obtienne, qui ne trouve en nous une conformité et même une faculté qui y ajoute de notre propre fonds. Comment, sans cela, y aurait-il des facultés qui s'appliquent au passé, au futur, au vraisemblable, au possible, aux vérités éternelles, c'est-à-dire des facultés sans objets réels et actuels? Quand les conditions préalables sont bien remplies, l'intelligence ne se trompe jamais, pas même en songe; ou bien elle peut revenir sur ses antécédents, s'ils sont défectueux, et redresser l'erreur. L'intelligence a donc pour vérités propres ces notions communes qui, dérivées de la sagesse universelle elle-même, comme des parties de science, sont gravées dans le for intérieur sous la dictée de la nature. La fonction générale de ces notions, ou la notion universelle qui les résume, pourrait s'exprimer ainsi : Mettre en juste conformité les facultés et leurs objets[1].

Si maintenant on passe de la vérité simple à la vérité complexe, c'est-à-dire à la vérité en matière universelle, voici la règle : Il y a vérité dans l'intelligence en ce qui touche les choses universelles, quand les vérités particulières sont entre elles en due conformité[2]. C'est une grande affaire qu'une vérité complexe : c'est l'acte de constituer une nature universelle (une idée de genre ou d'espèce), en vertu de cette simple proposition : Les choses qui affectent identiquement nos facultés sont les mêmes pour nous. Sans cette proposition, tout l'édifice des sciences s'écroule.

Le dénombrement des facultés est impossible ;

---

[1] « Facultates recte conformari cum objectis suis. » P. 29.
[2] « Canon est : Intellectus fit verus circa universalia, quando veritates particulares inter se recte conformantur. »

car, par la définition, la faculté en général n'étant que la puissance d'avoir une perception ou conception correspondante à un objet, on peut dire qu'il y en a autant que d'objets ou de différences dans les choses, ou le microcosme répond au macrocosme. Parmi les facultés, les unes sont *noétiques*, les autres corporelles, c'est-à-dire que les unes ont rapport à l'intelligible, les autres au sensible. S'il n'y avait qu'une faculté, ce serait l'âme humaine. Toute chose nouvelle affecte nos sens d'une manière nouvelle; c'est donc comme une nouvelle faculté qui se produit en nous et qui correspond à la chose par une analogie de l'une à l'autre. Si plusieurs différences, sans relation apparente entre elles, semblent réduites à une certaine unité, c'est l'âme et non pas une faculté unique qui opère cette réduction. L'unité est dans l'âme, la diversité dans ses facultés : les facultés sont les rayons de l'âme. Ce n'est pas la même faculté qui se rapporte à l'existence des choses, à leur nature,

8.

à leurs qualités, à leur quantité, au temps, à la cause, à la fin. Une fois la communication avec le dehors établie, il y a dans l'intérieur une faculté qui juge de ce qui est nuisible ou ne l'est pas, une faculté de vouloir ou de ne vouloir pas, etc. Il ne faut pas multiplier les facultés outre mesure, ni tenir pour nouveau tout ce qui paraît l'être. La violette, qui s'est cachée et refleurit au bout d'une année, retrouve la même faculté. Voici le principe : « Tout nouveau sujet individuel émet une nouvelle image, une nouvelle émanation, à laquelle répond en nous une faculté nouvelle, qui se produit par une nouvelle sensation ou un nouveau jugement[1]. » Ces principes d'individuation ou réalités distinctes ont des caractères qui les désignent et qu'on appelle différences. Les différences communes indiquent la nature commune, les particulières

---

[1] « Omne novum individuationis principium novam aliquam diffundere speciem, sive ἀπάρροιαν dixeris, cui nova idcirco aliqua n nobis facultas respondeat novo sensu sive judicio sese prodens. » P. 33.

la nature particulière. C'est-à-dire que les premières font connaître de quel genre ou de quelle espèce est la chose ; les secondes, ce qu'elle est en particulier dans son genre ou son espèce. Il y a des facultés pour toutes ces différences ; mais la faculté qui pèse la chose suivant son état naturel, c'est-à-dire à l'état individuel, est la faculté éminemment analogue au principe d'individuation. C'est par elle qu'on distingue un homme d'un autre.

Non-seulement les facultés répondent aux objets, mais les objets aux facultés, en sorte qu'on peut de l'existence d'une faculté inférer l'existence d'un objet, quoiqu'on ne l'ait jamais connu ; par exemple, l'éternelle béatitude.

Si l'on répugne à multiplier ainsi les facultés, il n'y a plus que cinq sens, et partant cinq objets ; les différences innombrables des choses se réduisent à cinq accidents. C'est là tout ce qui compose la science humaine. Il est vrai qu'on ne peut donner la nomenclature des facultés, mais on peut les classer, et quoique ce ne soit pas sans difficulté, on trouvera que les facultés appartiennent à l'instinct naturel, ou au sens interne, ou au sens externe, ou au raisonnement (*discursus*). Hors de là, point de vérité. Rien ne peut être connu ni prouvé que par une de ces quatre voies, mais à la condition que l'on ne perde pas de vue les lois de chaque sorte de vérité. Chaque classe de facultés a son mode spécial de conformité. Hors de ces conditions, on ne rencontre que le faux ou tout au plus le vraisemblable. Il faut donc bien prendre garde aux facultés par lesquelles on prouve une chose. La preuve n'est bonne, que si l'on rapporte la chose à la faculté compétente. Les facultés intelligentes qui ont été qualifiées de divines atteignent tout ce qui est à la portée des facultés corporelles, par une sorte de sensibilité transcendante [1], et elles les traversent, elles vont au delà, elles vont aux choses divines. Si

---

[1] « *Persentire,* deest vox apta. » P. 37.

on en exigeait autant des facultés corporelles, on n'obtiendrait rien de vrai, d'adéquat, d'intelligible, d'universel, de nécessaire. L'instinct naturel, nom sous lequel on comprend toutes ces facultés supérieures, principe auquel on les rattache, se fonde sur ces notions communes qui forcent l'adhésion de tout homme sensé ; tandis que le sens interne ou externe s'appuie sur l'identité des objets, des facultés, des conditions, et le raisonnement ou procédé discursif, sur une déduction des notions communes.

Tout ce qui obtient la foi d'un consentement universel est nécessairement vrai, et suppose une faculté interne d'où résulte la conformité, signe de la vérité. C'est cette faculté de conformation que lord Herbert appelle, en s'en excusant un peu, instinct naturel. Rien ne serait plus précieux, ajoute-t-il, que de démêler ces notions communes et de les ranger par ordre, dans un temps surtout où la chaire ne conseille ni ne raisonne, où la foi n'est extorquée que par la terreur, où la menace de la damnation éternelle est l'arme de toutes les Églises. Toute loi n'est qu'une rédaction régulière de notions communes. Dans la loi religieuse, civile, politique, vous voyez des points sur lesquels on diffère, d'autres sur lesquels le consentement est unanime. Ceux-ci constituent les doctrines de l'instinct universel, ouvrage et témoignage d'une providence divine universelle. Il ne faut donc que savoir distinguer ; mais les hommes sont devenus incapables de choix, ils acceptent tout ou ils rejettent tout sous l'empire de la passion. Rien de populaire ou d'établi n'est pourtant jamais vrai ou faux de tout point. Pas de religion, pas de philosophie si barbare qui n'ait eu sa vérité. Or quel autre moyen de la purifier de toute erreur que la méthode indiquée? Le consentement universel, voilà la philosophie, voilà la théologie première et suprême. Et ce n'est pas seulement dans les monuments écrits qu'il le faut chercher, mais dans ces facultés internes qui sont comme les caractères gravés en nous-mêmes des vérités conformes. Tandis que toute école, toute Église, n'est après tout qu'une opinion particulière, Dieu n'a refusé à aucun siècle ces notions communes, moyens nécessaires de sa providence. Le raisonnement seul dans ses abus, le raisonnement luxuriant[1] a pu compliquer ces notions simples, propager le doute, semer l'erreur pire que l'ignorance. Dieu et la vertu sont en tout lieu des notions communes. Qui s'en écarte ne peut espérer de salut que par l'expiation de sa faute. Mais ne croyez sur la foi d'aucune autorité que Dieu ait jamais manqué aux hommes d'aucune époque dans les choses nécessaires à cette vie ou à l'autre, car la providence divine universelle est plus sûre qu'aucune histoire[2].

Il y a jusque dans les choses inanimées un équivalent de l'instinct naturel qui fait qu'elles

---

[1] « Luxurians discursus. » P. 41.
[2] « Est enim providentia universalis supra omnem fida historiam. » P. 44.

se conservent. C'est une disposition intérieure qui n'a rien de raisonné ni de réfléchi. De même, dans l'homme, l'instinct naturel dicte, commande, force la croyance, sans que l'intelligence sache pourquoi. La raison ne peut remonter au delà des notions communes. Les contester est interdit; c'est cette partie de la science qui nous vient de la nature et qui, séparée de tout mélange impur des opinions humaines, disposée dans un ordre méthodique, brille comme un spécimen de la divine sagesse[1]. Les notions qui la composent concernent Dieu, la morale, la nature. Prenons la religion pour exemple, c'est une notion commune. Point de peuple sans religion. Recueillez tout ce qui est en religion universellement admis, vous aurez là vérité religieuse. Le moyen peut être laborieux, mais il n'y en a pas d'autre. Maintenant faut-il tenir pour

---

[1] « Il y a quantité de choses qui peuvent être connues par la lumière naturelle auxquelles jamais personne n'a encore fait réflexion. » Descartes, *Lett.*, t. VIII, p. 169.

douteux tout ce qu'en d'autres siècles on a prêché? Non, il faut croire tout ce qui en est conforme aux attributs divins, et l'accepter avec reconnaissance. Mais bien des choses sont possibles qui ne sont pas réelles, c'est encore là une notion commune; n'accueillez donc qu'avec précaution ce qui repose sur l'autorité d'un récit. Si notre méthode n'affirme pas beaucoup, elle nie très-peu, excepté ce qui est contraire à la droite raison ou diamétralement opposé aux attributs divins.

L'instinct naturel est l'instrument immédiat de la Providence. Comme il se prend tantôt pour la faculté, tantôt pour l'acte de conformité, on appelle instinct naturel les actes de ces facultés par lesquelles la conformité s'établit, et qui rapportent directement et sans déduction les notions communes aux choses, en vertu d'une intime analogie. Comme faculté, l'instinct naturel n'est pas l'âme en soi, mais une émanation immédiate de l'âme, et qui lui est si nécessaire qu'il ne paraît pas que la mort la détruise. Ces facultés qui précèdent les sens externes peuvent leur survivre, et il dépend de la justice éternelle qu'il en soit ainsi ; aussi n'existe-t-il pas de législation, de religion ou de philosophie qui ne nous enseigne que nous ne mourons pas tout entiers. Les croyances seules sont corruptibles, les facultés ne le sont pas. C'est donc l'instinct naturel qui ne périt pas avec les organes.

Considéré comme acte, l'instinct naturel se résout dans ces notions communes qui sont la dot de la nature et comme une béatitude. A ces κοῖναι ἔννοιαι, ainsi que les appelaient les anciens, le raisonnement peut ajouter quelque chose. De là un certain art qui n'est soumis qu'aux règles que l'expérience a fournies[1]. Mais l'art, pas plus que le hasard, n'a donné les notions communes ; elles sont des parties de la sagesse divine que

---

[1] Les règles de la logique ne nous sont connues que par l'expérience du raisonnement, mais elles ne sont pas de simples vérités expérimentales ; elles sont des vérités démonstratives.

nous tenons du Créateur. Toutes se rapportent au bien, mais quelques-unes ont comme un goût divin[1]; celles-ci entre autres : « Il y a une première cause ; il y a dans les choses un certain ordre. » Toutes ne sont pas en effet sur la même ligne, car toutes ne sont pas également communes, et s'il y en a qui, bon gré mal gré, se déploient dans tout homme, il y en a qui seraient communes aussi si nous ne les arrêtions en route. Tandis que les unes se manifestent immédiatement, d'autres ont besoin du ministère de la raison discursive. Mais quelles qu'elles soient, le nombre en est défini, restreint même. Ce serait une œuvre difficile mais utile que de les réduire à leur nombre réel, en séparant celles qui sont indûment rangées dans la même classe, en réduisant à leurs principes celles qui sont dérivées les unes des autres. Qu'on n'objecte point contre leur autorité qu'on ne sait d'où elles proviennent. Sait-on davantage d'où proviennent les sens? Ce

---

[1] « Quasdam ipsum Creatorem sapere ausim dicere. » P. 48.

sont principes de la nature, qu'on ne peut repousser sans dépouiller l'humanité. Des auteurs ne pouvant les rattacher aux sens, puisqu'elles servent à juger des représentations des sens, les ont barbarement appelées des espèces *insenties, insensatæ species.* Mais ils n'ont pas osé les restituer à la nature, et ils les ont rattachées au raisonnement tant qu'ils ont pu. Ayons l'intrépidité de reconnaître que ce sont là des principes implantés dans l'esprit. Les notions communes sont comme nos facultés de voir ou d'entendre, d'aimer ou d'espérer; quoique nées avec nous, elles restent muettes et cachées si des objets appropriés ne surviennent. Elles ne sont pas des expériences, mais nécessaires à l'expérience. Ne croyez donc pas que l'entendement soit une table rase, comme si nous tenions des objets ce qui nous rend capables d'opérer sur les objets.

C'est l'office d'une partie de la philosophie, qu'on peut appeler la zététique, de fournir les moyens de préserver ou de délivrer les notions communes de toutes fictions additionnelles, et d'assurer le parfait accord des objets, des conditions et des facultés. Toute erreur provient d'un défaut de conformité, d'analogie, d'homogénéité entre tous ces éléments. L'intelligence discursive peut servir à cette critique. Mais le point fondamental était d'établir l'existence des notions communes. On demandera ce que cette doctrine a de neuf. Ce qu'elle a de neuf? Elle introduit dans les choses la certitude des mathématiques.

L'instinct naturel est comme une providence particulière à chaque homme, et qui conserve et dirige l'individu. C'est par elle qu'arrive jusqu'à nous la Providence universelle qui veille sur l'espèce et sur la totalité des êtres. De la providence universelle, ou de la nature, et de la providence particulière ou de la grâce ressort la Providence suprême qui les gouverne et les concilie. C'est une impiété, un blasphème contre la Providence universelle que de faire la nature profondément corrompue et dépravée. On prétend par là relever la grâce. Mais si la grâce est universelle, elle n'est qu'une partie de la commune Providence que l'on attaque, et si la grâce est particulière, il y a des maux sans remède, et la Providence universelle y périt pour la plus grande gloire de la grâce. Il faut alors accompagner celle-ci de tant de conseils impénétrables, de jugements secrets, de décrets arbitraires, en un mot de tant de sortes de prédestinations, que la nature et la grâce font place au *fatum* des stoïciens. Le genre humain est injuste de se plaindre de la nature. Il faut croire que tous les hommes ont en eux-mêmes par la médiation divine les moyens d'être agréables à Dieu.

Les notions communes de l'instinct naturel se prouvent par elles-mêmes; dans le langage de lord Herbert, elles sont conformées par elles-mêmes sans déduction (*discursus*). Ce n'est pas que la déduction ne puisse conduire aussi à des notions communes. Mais cette seconde classe est aussi distante de la première que le sont l'instinct naturel et le raisonnement discursif, séparés par tout le sens interne et externe. Ce qu'on appelle la droite raison dans l'École, ou le bon usage du raisonnement, n'est que la déduction d'une notion commune jusque dans ses moindres applications[1]. A ces connaissances joignez les conclusions de l'expérience (inductions) qui constituent la science des choses. La règle générale est que toute notion convenue parmi les hommes soit ramenée à ce qu'enseigne la leçon de l'instinct naturel. Les facultés discursives doivent toujours par régression se reposer dans leurs principes. C'est le moyen d'éviter les contradictions, ce fléau de la fausse science.

On demandera comment on peut distinguer la première classe des notions communes de la seconde. A six caractères : 1° La priorité[2], car

---

[1] « In suam infimam latitudinem. » P. 59.

[2] Prioritas. P. 60. Aussi les modernes ont-ils dit que ces notions étaient *a priori*.

l'instinct naturel est antérieur à toute faculté. 2° L'indépendance, la notion commune proprement dite ne peut être régulièrement ramenée à aucune autre. 3° L'universalité. 4° La certitude ; les remettre en doute, ce serait dépouiller l'humanité. 5° La nécessité, toute notion commune importe et sert à la conservation de l'homme. 6° Le mode de conformation, c'est-à-dire la manière dont leur vérité se manifeste. Tandis que le raisonnement procède lentement, elles donnent des connaissances immédiates.

Il est étrange et déplorable que ce qui est donné comme notion commune puisse aussi être persuadé en vertu d'une fausse hypothèse. Ainsi on peut se servir d'une fausse religion pour prescrire l'obligation très-vraie d'un culte divin. C'est là un des tours de la raison discursive. Mais sans contester qu'une providence particulière ne puisse, ne doive même ajouter aux dons de la Providence universelle, que la grâce ne puisse ajouter à la nature, il faut conserver dans tout l'éclat de sa propre dignité ce présent divin, cet ouvrage usuel, *quotidien*, de la Providence universelle. C'est défendre la cause de Dieu [1]. Au fond l'objet propre de la faculté divine noétique ou de l'instinct naturel est l'éternelle béatitude. Celle-ci est la fin de tout ce qui conserve l'individu et l'espèce. Chaque être à sa manière tend vers un bien qui est sa fin. L'homme n'est pas libre au point de ne pas désirer d'être heureux. Sa liberté se montre dans le choix des moyens d'être heureux. Il peut ne s'attacher qu'à l'apparence du bien, mais c'est le bien qu'il poursuit. Les biens particuliers auxquels il s'attache ne sont des biens que par leur rapport avec le bien suprême. Celui-ci est donc l'objet propre, adéquat, de l'instinct naturel. Il reste à montrer qu'il ne diffère pas de la béatitude éternelle.

Après l'instinct naturel, vient le sens interne,

---

[1] Allusion au titre de l'ouvrage de Bradwardine, écrit dans un sens tout opposé.

dont chaque affection met en mouvement tous les esprits émissaires[1]. Il se rapproche de l'instinct naturel, il a les mêmes racines, et immédiatement après les notions universelles, viennent les notions particulières pour lesquelles le sens interne concourt avec l'instinct naturel. Aimer est une faculté générale, mais qui ne se connaît qu'en acte particulier, c'est-à-dire sous la forme d'un sentiment déterminé qui dépend du sens interne. Ces affections ou notions particulières sont en conformité de l'affection ou notion universelle. Nos facultés s'étendent sans se briser. Si quelque type de l'infini n'était en nous, comment serions-nous créés à l'image de Dieu? Il y a un terme dans les choses, il n'y en a pas en nous. La détermination vient des objets. A tout objet nouveau surgit une nouvelle faculté analogue ou correspondante. Elle a sa loi dans les notions universelles; l'inférieur est régi par le supérieur.

---

[1] « Emissarii illi ad mensuram suæ virtutis agentes spiritus. » Les esprits animaux de Descartes.

Livrées à elles-mêmes, libres du contrôle des facultés universelles, les facultés particulières sont des sources d'opinions vaines, des nids d'erreurs[1]. Une surveillance active est donc indispensable. Il faut tout le soin de la raison pour rester dans la vérité, c'est-à-dire pour maintenir l'harmonie entre les objets et les facultés. Ceux-là agissent sur nous, et nous agissons sur les objets, tout cela si rapidement que la différence est insensible. Le changement qui s'opère en nous est l'acte du sens interne, acte dans lequel l'instinct naturel, sortant de son unité, vient pour ainsi dire se particulariser. Lors même que le sens interne ne réclame pas l'intervention du raisonnement discursif, combien de causes d'erreur ou, si l'on veut, de non-vérité, de non-conformité, résident dans l'hétérogénéité possible des éléments d'un fait aussi multiple ! L'âme est dans l'homme la meilleure image de la Divinité, mais elle semble s'obscurcir et devenir corps, pour ainsi dire,

[1] « Errorum asyla. » P. 67.

dans ses actions et passions inférieures. Aux influences qui l'éloignent de la vérité, nous ne pouvons opposer que la puissance que nous possédons de garder l'analogie dans la connaissance[1].

Le tableau que trace Herbert des actions et des passions de la nature humaine ne peut être ni abrégé, ni reproduit dans toute son étendue. Sa psychologie et surtout sa physiologie paraîtraient singulières et surannées. Les humeurs et les esprits, l'épais et le subtil y jouent un rôle, et tous ces détails, un peu fictifs, n'étaient pas nécessaires pour montrer qu'il peut y avoir péril et complication dans le jeu simultané des organes, des sens, du sentiment, du raisonnement et de l'intelligence. Remarquons seulement ce passage : « La faculté est le principe interne de conformation. Le sens[2] est l'acte même de la confor-

---

[1] « In analogia propria sapere posse. » P. 70.

[2] Le sens, *sensus*, dans Herbert, et communément dans les philosophes de ce temps, signifie l'acte de sensibilité en général tant interne qu'externe, ou, si l'on veut, le sentiment, mais non pas l'un des cinq sens. On entend même par *sens* tout ce qui

mation. S'il n'y a quelque chose qui conforme, quelque chose qui soit conformé, point de sensation. Car la Providence universelle n'a point voulu qu'aucune innovation eût lieu en nous sans être sentie, *sine sensu*. Ce que vous sentez n'est donc ni la faculté ou force interne qui s'applique, ni l'objet, mais une résultante d'actions originaire de la collision et du concours mutuel. »

Le sens interne a deux faces. Il est du côté de l'âme et du côté du corps.

1° Les sentiments de l'âme sont ceux qui, provenant des facultés qui tendent au bien universel, peuvent influer sur les sentiments qui proviennent des objets ou de nos organes, les calmer, les dominer, et enfin se mettre en rapport avec les objets éternels, avec les notions universelles, et contribuer à promettre la suprême béatitude. De ces sentiments, les uns

est senti dans la conscience, à ce point que nous lisons plus bas que la connaissance discursive est un sens : « Discursus sunt sensus. » P. 152. Ne dit on pas d'ailleurs le bon sens et le sens commun ?

qui se rapportent à Dieu sont en nombre égal à ses attributs : tels sont la foi, l'espérance, l'amour, etc. L'attribut suprême de Dieu, c'est l'infinité. Il est la sphère dernière des choses. La liberté de l'arbitre en donne quelque idée. Notre volonté est infinie par elle-même, et jusque dans ses fers. Ces sentiments internes se concentrent dans un sens commun qu'on appelle la conscience. Ces facultés du sens interne qui se rapportent à Dieu ont leurs analogues relativement à ce monde. La crainte, l'espérance, la joie, etc., n'ont pas Dieu seul pour objet. Les facultés s'étendent des choses divines aux choses périssables, et transforment ainsi les affections de la chair et du sang. Mais, détournées de leur objet propre, elles restent encore des facultés divines, et peuvent être maintenues dans l'ordre et la mesure. La conscience subsiste dans les choses du monde. La liberté de l'arbitre, ce miracle unique de la nature[1], pénètre à travers toutes les

---

[1] « Unicum illud naturæ miraculum. » P. 82.

facultés de l'âme. Elle a sa faculté de conformation ou son type dans l'infinité qu'elle retrace en nous. L'infinité est comme la raison des attributs divins. Elle les enveloppe en ce sens que rien n'est possible hors de l'infini. C'est la plus générale des notions. Tout est possible à Dieu, dit-on, car sa puissance est absolue. Cependant, en tant qu'il est bon, juste, sage, il ne s'écarte pas de lui-même (ce qui veut dire apparemment qu'en se déterminant ainsi, il ne devient pas d'infini fini). L'homme étant à l'image de Dieu, c'est de la bonté, de la sagesse divine, etc., qu'émane tout ce qui est bon en nous. De même en nous donnant le libre arbitre, il nous a donné quelque chose de son infinité. En tant que libre, l'homme est infini ; car ce qui est libre n'est pas déterminé. Cependant cette liberté n'existe que pour les moyens, non pour la fin. N'écoutons pas ceux qui veulent supprimer jusqu'à la liberté des moyens. C'est le raisonnement qui parle ainsi, parce que le raisonnement ne connaît ni la crainte ni l'espérance. Mais ces facultés de la crainte, de l'espérance ont une raison d'être et n'élèvent pas de questions douteuses. C'est donc le sens interne qui établit la liberté de l'arbitre. Qui se sent libre ne se laissera pas enchaîner, et si l'instinct naturel est la faculté première de l'homme, la liberté de l'arbitre est sa faculté dernière. Cette liberté n'existe pas dans les choses de la vie végétative, mais dans les choses de la vie morale. Dieu, en même temps qu'il a posé la béatitude éternelle comme objet nécessaire, a doté abondamment cette vie des moyens d'y parvenir. Il y a quelque grandeur à désirer jouir avec Dieu de l'éternel bonheur; il y en a davantage à oser l'espérer. C'est donc pour notre bien que la liberté de l'arbitre nous a été donnée. Cessez donc de représenter cette faculté comme mauvaise et profondément pervertie dans sa nature. Qui ne peut être méchant comment sera-t-il bon ? Et si, pour votre part, vous vous êtes montré bon, demandez, réclamez, obtenez de la bonté suprême votre récompense.

2° Du côté du corps, le sentiment ou le sens interne se compose de ces affections qui proviennent du mouvement des humeurs. Lord Herbert, qui trouve ridicule la réduction de la sensibilité à cinq sens, tombe dans un autre excès en faisant des impressions ou des mouvements nerveux autant de sens particuliers. Ici nous sommes en pleine physiologie. Celle de l'auteur est curieuse et offre tour à tour les préjugés de la science contemporaine et les observations ingénieuses d'un philosophe original. Ainsi il y a dans le corps humain quatre humeurs pour répondre aux quatre éléments : l'étude de l'anatomie vitale[1] y fait voir des esprits, ou des principes, ou des atomes, ou des particules minimes, dernier asile des secrets de la nature. Mais, à côté de toutes ces hypothèses, le pouvoir et le devoir de l'âme de résister à ces choses étrangères à sa nature sont fortement établis. Le principe de

[1] « Ad anatomiam illam vitalem deveniendum est. » P. 86.

l'analogie des facultés, ou de l'homogénéité entre les éléments, que nous combinons dans l'acte de la connaissance et de la volonté, est heureusement invoqué. Tout n'est-il pas caduc et périssable dans les objets des facultés qui se rattachent au corps? qui voudrait de l'éternité d'une sensation, tandis que les facultés noétiques ne se plaisent qu'aux choses qui ne passent point? Cette différence et d'autres ne nous font-elles pas une loi de ne laisser jamais envahir les facultés d'un ordre par les facultés d'un autre, ni dominer l'intelligence par le corps? Dans ce système, le corps n'est qu'une masse inerte. Toute action est dans les humeurs, ou plutôt, dans certains principes, certaines vertus que les humeurs contiennent. Ainsi est constituée la nature corporelle. C'est elle qui sent, c'est l'âme qui comprend. Comment ces deux natures sont-elles unies? comment tout cela va-t-il ensemble? C'est ce qu'on ne peut expliquer que par une âme du monde qui en soit l'harmonie, ou par une force plastique[1]. Le sens interne nous atteste l'accord et la combinaison de tous ces principes dans une certaine unité. Mais à travers cet ensemble règne et pénètre le divin qui est en nous. L'âme s'approprie, régularise, ennoblit, divinise en quelque sorte nos sentiments et en fait des éléments du bonheur auquel elle aspire. Dégagée du corps et de tous les sentiments qu'il entraîne à lui, elle conserve, elle emporte avec elle la force plastique, la force motrice, toute l'intelligence, toute la volonté, toutes les facultés de joie, d'espérance et d'amour, enfin toutes ses libertés, tout ce qui fait l'homme véritable; et rien n'empêche qu'alors il lui soit assigné une matière nouvelle et plus obéissante que le corps terrestre.

Mais l'esprit, mais le divin qui est en nous, ne peut subir la passion. Cependant nous avons des sentiments internes qui viennent des objets par une action occulte et qui sont reçus en nous

---

[1] L'harmonie, Leibniz; la force plastique, Cudworth.

par la disposition ou faculté qui s'y rapporte. De ces sentiments les uns sont en relation avec le corps, et le corps peut éprouver l'action. Mais pour ceux qui ont leurs analogues dans l'âme, comme dans l'âme tout est libre, il faut admettre qu'elle renferme des formes correspondantes et qu'elle perçoit ces sentiments par elle-même, comme une matière sur laquelle elle s'exerce. Dans l'affection du beau, par exemple, combien faut-il attribuer à l'agent externe, combien aux facultés internes? Question ardue. Il y a un certain accord, une certaine proportion entre le dehors et le dedans, et comme une communauté de formes[1]. Il faut même admettre des sentiments mixtes; car l'homme participe de diverses natures. Ce qu'il tient de celle des éléments, de celle du végétal, de celle de la bête, est cause que sa raison et sa volonté sont moins droites, mais ne peuvent rendre mauvais ce qui est bon en soi. Les maladies et les remèdes produisent

---

[1] « Formarum communio. » P. 95.

des sentiments internes, des passions et des affections de toutes sortes qui attestent les rapports de la nature extérieure avec la nature humaine; l'esprit intervient de son côté. Mais du concours alternatif de tant d'éléments résultent des sentiments mixtes et composés, et dont on se prévaut pour attaquer, pour outrager la nature; mais c'est à la nature de la bête, *cette tache originelle*[1], que tout cela doit s'adresser. La nature humaine, dans son ensemble, est imparfaite, mais elle n'est ni souillée ni perverse. La Providence divine universelle ne veut point de ces extrémités. Elle ne va pas au delà des moyens, mais elle va jusqu'aux moyens; c'est-à-dire qu'elle se borne à nous placer dans un état intermédiaire où nous possédons les moyens du bien. Le principal est la conscience, ou plutôt ce sens commun de tous les sens internes, cette fa-

---

[1] « Labes ista originalis. » Ce n'est probablement pas sans dessein que lord Herbert emploie ce mot de *labes*, dont les théologiens se servent souvent pour désigner le péché originel.

culté qui, en vertu des notions communes, prononce sur le bien et le mal et juge de ce qui se doit. Elle est en rapport avec les choses, avec nous-mêmes, et surtout avec la première cause. Négligée par les anciennes écoles, elle a reçu, au dernier siècle, un grand renfort de piété, alors que la vraie pénitence a été enseignée[1]. Les prédicateurs lui apportent un nouveau secours en annonçant la juste punition des méchants. L'effroi pousse le troupeau dans la voie droite, où son propre mouvement l'aurait dû conduire. C'est vers le bien que tendent tous les sentiments internes; mais tous les biens ne sont que des degrés du bien qui, peu à peu, s'élève au bien suprême, objet propre de la conscience. Le souverain bien se confond avec la béatitude éternelle. Plus donc un bien est périssable, plus il s'éloigne du souverain bien. Le bien offre les

---

[1] Allusion à la Réformation qui, suivant les protestants, a substitué la pénitence du cœur aux pénitences de pure formalité. P. 117.

mêmes degrés que la vérité. D'où il suit que le bien, comme la vérité de l'intelligence, réside dans la région des notions communes. La morale tout entière est une notion commune, ce qui n'arrive à aucune autre science, excepté peut-être aux mathématiques. Aussi est-ce en morale surtout que se manifeste le consentement universel. La distinction du bien et du mal ne nous vient pas des objets, elle vient de nous-mêmes. Étant nôtre, elle est libre, c'est-à-dire qu'elle n'est point une passion que nous subissions par l'influence du dehors. Loin de nous encore ici la table rase des anciennes écoles. Le sentiment interne nous fait connaître que nous portons écrite en nous-mêmes la loi morale. La faculté de l'amour[1] se porte vers le bien en général; mais si les sentiments internes du corps peuvent s'élever, ceux de l'âme peuvent s'abaisser. De là toutes sortes d'amours, comme il y a toutes sortes de biens. L'amour du bien doit être

---

[1] « Facultas quæ amat. » P. 114.

gouverné par les mêmes règles que l'intelligence du vrai. Il peut se transformer en amour de Dieu, c'est-à-dire en espérance en Dieu ; mais la haine ayant le mal pour objet, la crainte qui vient de la haine ne peut s'adresser à Dieu. Celui qui dit que Dieu est à craindre blasphème. Il faut craindre le mal et ses suites, tout ce qui est de notre faute, mais non la justice divine. En nous donnant la liberté, sa bonté suprême a rendu nôtre la bonté qu'elle nous a départie, et elle a fait que cette bonté nous fût imputable, accordant ainsi à l'homme infortuné l'espoir d'une récompense. Réjouissez-vous donc d'être libres, c'est-à-dire de pouvoir être méchants, afin de vous plaire par là même dans le bien, et rendez grâce au Dieu très-bon et très-grand, *Deo Optimo Maximo.*

Il reste à parler du sens externe, ainsi désigné parce qu'il a besoin d'organes extérieurs et dépend de certaines dispositions qui lui correspondent dans les objets du dehors. Les sentiments, ou plutôt les sensations de ce genre, sont comme les actes d'une analogie entre les choses et notre organisation. Le commencement de la sensation est une sorte d'assaut de l'objet (*insaltus*). Vous vous sentez frapper, *incuti*, avant que la couleur, le nombre, le mouvement, la distance, etc., existent encore pour vous. Ce premier changement, ce premier effet, indique une première conformité, ou l'existence d'une faculté interne de laquelle dépend toute la sensibilité externe. C'est comme un pressentiment avant le sentiment, puis le sentiment se complète; le sens externe détermine le rapport extérieur, perçoit et limite l'objet dans tout ce qu'il a d'analogue à nos facultés de perception, et ainsi s'obtient la notion de toutes les déterminations. C'est par un retour aux notions communes, par l'action du sens interne et du raisonnement, que s'achève la notion intégrale d'une chose. Il est ridicule de n'admettre que cinq sens. On peut seulement dire qu'il y a cinq appareils sensibles, *sensoria ;* mais il y a autant de sens, c'est-à-dire de formes de sensation que de différences dans les objets. Autrement, tous les sens pouvant être ramenés au tact, vous verriez qu'il n'y en aurait plus qu'un. C'est comme si l'on ne décrivait d'un édifice que ses fenêtres et ses portes. Nous ne nions pas que rien ne soit dans l'intellect qui n'ait été auparavant dans le sens, mais à une condition, c'est qu'on admette un rapport, une analogie universelle des différences externes aux différences internes. Quand les écoles prétendent qu'il n'y a dans l'intellect que ce que la sensation y envoie, et qu'elle n'y envoie que la couleur, le son, etc., où nous réduisent-elles ? que feront-elles de cette analogie interne, universelle, de ces dogmes universels, des notions communes, sans parler de la nomenclature universelle ? On va plus loin, on veut que nous percevions la couleur en soi, que la substance ou l'essence réelle soit perçue par accident. Ainsi la perception de ce qui est reconnu d'un consentement commun manquerait d'une faculté interne de conformité. Nous soutenons, nous, que nous saisissons la substance en soi, la couleur par accident. C'est une notion commune qui veut qu'il y ait dans les choses un sujet d'inhérence de tous les attributs dont la présence n'est pas nécessaire. N'est-ce pas une distinction fondée en réalité que celle des sens externes et des sens internes? Les espèces externes, ces images, ces fantômes que nous recevons du dehors, y déposent toute leur rudesse : le feu perçu ne brûle pas, les images des loups et des agneaux vivent en paix. Les espèces internes, au contraire, les images du beau, du laid, de l'agréable, etc., continuent de nous affecter de même intérieurement, lors même qu'elles sont détachées des objets. C'est qu'elles ne sont ainsi perçues comme extérieures qu'en vertu de représentations internes avec lesquelles elles se trouvent en conformité. Tout réduire à l'action de l'objet extérieur sur les sens, c'est nier toute faculté interne de conformité en rapport avec les choses, *facultas conformans*.

La quatrième source de connaissance ou de vérité, c'est-à-dire la raison discursive, *discursus*, est de toutes nos facultés la plus exposée à l'erreur. Ce qui lui est propre est d'opérer, au moyen des idées ou espèces reçues ou conçues par les facultés externes ou internes, et de considérer, de déterminer successivement et par degré l'analogie des choses entre elles. C'est la plus lente de nos facultés. L'École, qui n'a pas vu que cette faculté est quelquefois trompeuse, a eu le tort de vouloir tout résoudre par elle. Autant vaudrait nous faire manger par l'oreille. Il faut en philosophie, il faut touchant le culte divin, touchant les vertus et la conduite de la vie, des principes ou des axiomes avant de pouvoir en raisonner. Comment les demander au raisonnement?

Le raisonnement (étant donné le sentiment, les perceptions de conformité entre les objets et les facultés de l'homme sain) est la recherche au moyen de certaines facultés spéciales, *zeteticæ seu eureticæ*, qui s'aident des notions communes ; recherche qui a pour objet soit l'essence, soit les divers attributs des choses, soit leurs causes et leurs fins, soit ce qu'il y a de commun ou de propre dans leur nature; recherche enfin qui tant par composition que par division explore l'analogie des choses entre elles. Cette définition presque textuelle, encore qu'un peu abrégée, est à peu près celle de la dialectique de l'École. Lord Herbert y voit une faculté qui souvent chancelle. La raison discursive, licence étonnante[1], dit-il. Elle est la source des plus grandes fautes. C'est elle qui nie et qui renie, qui suppose et qui impose ; d'elle vient le blasphème et l'imposture. C'est elle qui confond les limites de nos facultés, qui bouleverse ou détruit les notions communes. C'est par elle qu'en dépit du sens interne, des hommes ont nié leur liberté ; c'est

---

[1] « Mira licentia discursus. » *Ibid.*

par elle qu'ils ont soutenu qu'ils ne pouvaient avoir même la pensée du bien. Mais lord Herbert, qui le premier, dit-il, a posé les bornes de toutes les facultés[1], remettra le raisonnement à son rang, c'est-à-dire au dernier. C'est cependant un insigne attribut de l'homme. Il a son genre de vérité, mais une vérité ténue, fragile. Il a pour latitude l'erreur, comme le libre arbitre le mal. Il faut donc n'en user qu'avec beaucoup de précautions, et se souvenir qu'il doit aux notions communes toute sa force et sa solidité. Même lorsqu'il s'égare, c'est qu'il abuse de quelque notion commune. Il y a une vérité enveloppée jusque dans la plus grossière erreur.

Lord Herbert n'accorde pas que le raisonnement discursif soit, comme on l'a dit, infini, parce que le nombre des choses douteuses est sans terme; il pense que le nombre des questions auxquelles une chose peut donner lieu est limité, et que le raisonnement discursif,

---

[1] « Metas primi (quod scimus) posuimus. » P. 153.

comme faculté de recherche en général, se décompose en autant de facultés zététiques qu'il y a de questions possibles. Ces questions sont au nombre de dix. C'est d'abord la question de savoir si la chose est, *an*, puis ce qu'elle est, *quid*, et successivement sa qualité, sa quantité, sa relation, comment, où, quand, d'où, à cause de quoi elle est. Ce sont, comme on voit, de véritables catégories, et à peu près celles d'Aristote. Le conseil nous est cependant donné, pour les bien comprendre, de rejeter bien loin les prédicaments reçus. Rien dans toutes les écoles n'est plus erroné, dit lord Herbert, et les grands noms ne sont invoqués que pour servir de patronage à l'erreur. L'autorité est l'unique asile de l'ignorance.

Sans accepter pour Aristote ce qui peut lui revenir de cette condamnation un peu hautaine, nous reconnaîtrons que lord Herbert a mis du sien dans l'analyse de ces questions, et qu'il a eu peut-être cet avantage sur le Stagyrite lui-même, de démêler ou de rechercher plus curieusement comment de fait opère l'esprit dans la détermination des attributs des choses. Sa description du monde de l'âme ou de la conscience, car c'est ce qu'il entend par le for intérieur, l'oblige et l'aide à la fois à distinguer, avec une rigueur subtile qui rappelle la critique de Kant, les facultés qui entrent en jeu dans une opération un peu compliquée, et il assigne à chacune son rôle et sa portée, d'une manière qui semblera peut-être artificielle, mais qui met au moins sur la voie d'une bonne classification descriptive des principes, des lois et des formes de l'esprit humain.

Comme on s'y attend bien, la question de l'essence est celle qu'il traite avec le plus d'étendue. *Quid* ou la *quiddité*, c'est l'attribut par lequel une chose est définie, c'est la différence qui la spécifie, c'est la forme qui la caractérise et la constitue au point qu'elle soit distincte en nature du reste des choses. Ici donc doit être traitée la théorie des différences auxquelles répondent en nombre égal les facultés de notre âme. La doctrine psychologique de l'auteur reparaît donc ici tout entière, et nulle part il ne l'a exposée sous une forme plus technique, en promettant à ceux qui se pénétreront de sa méthode plus de sagesse qu'ils n'en rapporteraient des écoles rebattues des philosophes[1].

Il observe que, dans la pratique, les questions ne sont jamais isolées ; ce n'est que par hypothèse qu'on les sépare. Car il n'est rien qui n'ait qu'un attribut. Rien n'est par exemple sans être d'une certaine manière. Les questions rentrent donc les unes dans les autres, et même se posent les unes sur les autres ; ainsi l'on n'examine pas seulement si la chose est, mais s'il y a telle chose que d'être, si l'essence ou si la qualité existe, et réciproquement. Ces complications ou ces syzygies, comme il les appelle, sont infinies, et pourraient donner lieu à de curieuses questions

---

[1] « Ex qua (methodo) sapientiores evadent, ausim dicere, quam ex protritis philosophorum scholis. » P. 176.

dont il a donné l'esquisse dans sa zététique.

Ce qu'il appelle ainsi est une dialectique, mais cette dialectique est la sienne. C'est un art de résoudre les dix questions et leurs complications entre elles, en tenant exactement compte de la distinction des facultés et des vérités, en rapportant les analogues aux analogues, en classant les différentes espèces de vérités suivant leur valeur, en évitant ou en dissolvant toutes ces combinaisons fautives, monstrueuses, qu'opère l'ignorance de la structure intime de l'esprit humain et de ses rapports avec la constitution universelle des choses. Là aussi est une critique à la lumière de laquelle on doit lire les auteurs. Toutes leurs doctrines doivent être pesées à cette balance. Sur toute assertion, une première question s'élève : par quelle faculté se prouve-t-elle? C'est dire en d'autres termes : quel en est le fondement dans les lois et idées nécessaires de l'esprit humain? Passées à ce crible, la logique et la rhétorique et en général l'étude des auteurs en possession de la commune estime ne seront pour l'esprit qu'un utile exercice.

Comme exemple de cet art de la démonstration, inconnu jusqu'à lui [1], il donne un tableau où les dix questions catégoriques sont posées et résolues en ce qui touche la vérité. C'est, autrement dit, la réponse à cette question unique : Comment définir la vérité ? Je traduis.

QUESTIONS.	DÉFINITION DE LA VÉRITÉ.	PREUVES.
An — existence.	La vérité est :	Preuve : c'est une notion commune.
Quid — essence.	Une conformité conditionnelle.	Notion commune et discursive.
Quale — qualité.	Remplissant des conditions qui, toujours et nécessairement postulées, ne sont pas cependant toujours et nécessairement présentes.	Notion commune et discursive.
Quantum — quantité.	Pouvant s'étendre à toute la mesure des choses, si les conditions sont remplies.	Notion commune et discursive.
Ad quid — relation.	Entre un objet quelconque, l'apparence, le concept, l'intellect.	Notion commune et sens externe ou interne.

[1] « Ars apodeictica, hucusque ignota. » P. 205.

QUESTIONS.	DÉFINITION DE LA VÉRITÉ.	PREUVES.
Quomodo — moyen.	Au moyen des conditions exigées pour la vérité de l'objet, quel qu'il soit, de l'apparence, du concept et de l'intellect.	Notion commune et discursive.
Quando — temps.	Quand, par ces conditions, les objets sont en conformité avec les facultés homogènes.	Sens externe ou interne.
Ubi — lieu.	(Conformité) située dans le point juste de la conformation.	Notion commune et sens externe ou interne.
Unde — Origine, cause.	Provenant d'une cause première qui a disposé l'analogie des choses, etc., etc.	Notion commune et discursive.
Cujus gratia — fin.	Tendant efficacement à la perfection de l'homme comme sa cause finale. — Elle a, pour opposé privatif, l'ignorance, et positif, l'erreur.	Notion commune et discursive.

Ici pourrait finir l'ouvrage, car la définition de la vérité est trouvée, et comme il convient, elle est le résumé de tout le livre, le produit aussi bien que l'exemple de toute la doctrine. En s'arrêtant là, lord Herbert n'aurait pas mutilé sa philosophie. Comme science spéculative, elle serait connue, et avec elle ses conséquences par rapport aux croyances du genre humain, car l'auteur les a souvent fait pressentir. Mais il se croit obligé de les déduire expressément. L'intention de redresser la métaphysique des prédicateurs de son temps respire dans tout son livre. Il en veut surtout à la doctrine calviniste de la dépravation de la nature humaine. Souvent il semble n'écrire que pour réfuter Bradwardine. Il a d'ailleurs dès le titre de son ouvrage fait profession de chercher la vérité en soi, indépendamment de la révélation. C'est donc par un complément naturel qu'il s'explique sur la religion ; c'est encore s'expliquer sur la vérité. Toute religion comme toute philosophie suppose une théodicée. Celle de lord Herbert est d'autant plus importante qu'on peut conjecturer que c'est en cherchant la vérité religieuse qu'il a trouvé sa philosophie.

Qu'on nous permette d'imiter sa liberté de langage et de rendre fidèlement sa pensée[1].

[1] P. 206-231.

Toute religion n'est pas bonne par cela seul qu'elle allègue une révélation. Dans ce qu'elle enseigne à ce titre, tout peut n'être pas à conserver. Sans le secours des notions communes, c'est-à-dire des vérités universelles, le choix d'une révélation ou d'une religion est impossible. La foi implicite, la substitution de la foi à l'autorité de la raison, l'infaillibilité d'une Église, le précepte de la défiance de soi-même, la défense de soumettre à l'examen le témoignage des interprètes attitrés du Verbe divin, l'allégation de motifs secrets supérieurs à notre entendement dans les doctrines enseignées, la puissance de Dieu qu'on ne peut limiter, tous ces arguments peuvent appuyer aussi bien une religion fausse qu'une vraie. Dans quel temps, pour quelles impostures, dans quels desseins n'ont-ils pas été employés? Consultez donc la sagesse universelle avant d'ajouter foi aux croyances qu'on motive ainsi. Une religion est honorée. D'où lui vient le respect des hommes? Le moindre examen prouvera que ce ne peut être le résultat du mensonge, des fables amoncelées dans les livres par des siècles crédules, ni de cette multitude de rites et de traditions qui se disputent la foi du croyant. On trouvera que, sous toutes ces choses, il y a le culte de Dieu, il y a la piété, le repentir, les peines et les récompenses de l'autre vie. C'est là ce qu'on a respecté, et ce sont autant de notions communes. Quel prophète se ferait écouter, s'il ne rapportait à Dieu tout ce qu'il énonce, c'est-à-dire s'il ne faisait appel à une idée universelle ?

Il faut donc rechercher quelles sont les notions communes touchant la religion.

La première est l'existence d'un Dieu suprême. On a différé sur la pluralité des dieux, sur Dieu jamais. Point de religion qui ne reconnaisse le Dieu très-bon et très-grand. Que Dieu soit heureux, qu'il soit la fin, la cause, le moyen de toutes choses, qu'il soit bon, juste, sage, c'est la croyance universelle. Infini, tout-puissant, libre, sont des attributs sur lesquels on a discuté ;

mais lord Herbert les rattache aisément à des idées fondamentales, et il n'a pas plus de peine à établir que du consentement commun un culte est dû à Dieu, que la vertu et la piété en sont la partie la plus essentielle, que le crime doit être expié, au moins par le repentir, et qu'une justice qui punit et récompense attend l'homme au delà de cette vie. Ce sont là les notions communes qui sont le fond de la théologie, et selon lui, les cinq articles de foi vraiment catholiques. Pour des impies, des athées surtout, il n'en existe réellement pas ; il y a des hommes blessés des attributs horribles et mensongers que l'on prête à la Divinité, et qui aimeraient mieux qu'elle n'existât pas. Mais aucune religion, aucune église ne s'est élevée contre ces notions communes, contre ces articles de foi universelle, contre ces croyances de la véritable Église catholique.

Ces dogmes gravés dans nos cœurs viennent de Dieu. Il ne s'ensuit pas que toute religion soit bonne, ni que dans toutes les hommes soient sauvés. Mais dans toute religion, bien plus dans toute conscience, la nature ou la grâce a placé les moyens de se rendre agréable à Dieu. Que la révélation qui ne déroge en rien à ces dogmes conserve sa vérité, et si elle y ajoute, profitons de ce qu'elle y ajoute. Seulement qu'elle repose sur ces principes fondamentaux, et que sur chaque point elle réponde à cette question : par quelle faculté prouvez-vous ? Quant aux cérémonies, elles ont leur utilité, mais soutenir comme les évêques qu'elles sont essentielles à la religion, c'est en imposer.

L'Église des notions communes est la seule qui ne puisse errer ; seule elle enseigne la sagesse de la nature, ou la providence universelle divine. Hors d'elle point de salut. Quiconque forge de nouveaux dogmes s'en écarte. Ce qu'on apprend par une révélation (et une révélation est une chose possible dans la veille comme en songe), on en doit faire son profit. Bien des choses peuvent être l'objet d'une croyance pieuse, et il ne faut nier que ce qui répugne directement aux attributs divins. Tout ce que les siècles précédents ont raconté de la bonté et de la miséricorde divine, nous le croyons non-seulement possible mais réel, avec la plus grande partie des hommes. C'est à l'Église de régler le culte extérieur et la hiérarchie, de raconter les faits des siècles passés, surtout ceux qui témoignent des vrais attributs divins. Car une fois les vérités indubitables reçues dans le sanctuaire de l'âme, on peut avec piété croire tout le reste sur l'autorité de l'Église, pourvu qu'on retranche toutes les contradictions, et qu'on s'en tienne à ce qui inspire la concorde et la sainteté. Ne sondons point les secrets jugements de Dieu; mais sur le salut, sachons seulement qu'en tout temps, en tout lieu, l'âme pourvue de ses notions communes a pu, rejetant toute superstition, s'attacher à nos cinq articles, ou bien les hommes seraient plus mal partagés que les troupeaux qui, dispersés dans la prairie, délaissent les herbes dangereuses pour ne brouter que les plantes salutaires. Cette religion fondamentale est un cercle qu'on ne peut entamer sans détruire sa forme. Lord Herbert ne défend pas de l'agrandir, pourvu que la figure reste la même et conserve le même centre. C'est d'après cette règle que doivent être appréciées les additions épiscopales.

La vérité révélée se fonde sur l'autorité du révélateur. Elle est soumise à diverses conditions, dont la principale est qu'elle soit reçue directement; car si elle n'est qu'une tradition ou une histoire, elle n'est que vraisemblable. Il faut que le souffle divin se sente pour ainsi dire, et en songe comme dans la veille, dans l'extase comme dans une lecture, une révélation peut s'accomplir qu'on doive tenir pour divine. Quant aux révélations que les prêtres ont reçues dans les temps passés, le laïque doit exiger qu'il soit indubitable que le prêtre l'ait reçue en effet, qu'elle soit venue de Dieu ou d'un bon ange, que le fait ou la parole ait été fidèlement conservée par le prêtre et écrite de sa main. Il faut enfin qu'elle s'adresse si directement aux générations postérieures qu'elle doive nécessairement devenir un article de foi, toujours sous l'empire de cette loi suprême : ne rien admettre contre les dogmes universels. Ceux-là aussi sont révélés, et, à proprement parler, tous les sentiments internes de foi, de repentir, de vertu, tout ce qui est divin en nous est révélation. Lorsque, sur une invocation extraordinaire, Dieu manifeste d'une manière inaccoutumée un attribut nouveau, c'est le cas de la grâce ou providence particulière ; la nature est la providence universelle. Toute parole ou tout fait de piété, fût-ce un miracle, s'il n'est ruiné par quelque contradiction, peut être accepté, doit l'être avec respect. Ainsi le Décalogue, comme toute religion, comme toute loi, tire sa principale autorité des notions communes dont il est l'expression. Mais les développements qu'il leur donne ont un tel caractère de conformité et d'utilité que lord Herbert croit volontiers à son origine miraculeusement divine.

Pour appliquer ces principes, il faut se rendre bien raison de ce qui est vraisemblable et de ce qui est possible. Tout récit n'est que vraisemblable; car il dépend de l'autorité du narrateur. La vraisemblance a ses degrés suivant les circonstances dont nous sommes juges. Les choses conformes à l'ordre accoutumé sont plus vraisemblables que les choses merveilleuses, quoiqu'on doive reconnaître que Dieu a pu faire des miracles, s'il l'a voulu; il ne faut nier que le contradictoire. Ce qu'un homme a pu savoir, un homme peut le croire. Mais la foi, même séculaire, doit remonter à la science de l'auteur. Il suit que chacun portant en soi les facultés et les conditions de la vérité, la vérité qui n'a été sue que par un autre ne peut être une règle absolue pour nous; c'est une vérité qui n'est pas nôtre, ce n'est qu'une vraisemblance. L'histoire de la création, de la rédemption, n'est pas à rejeter pour cela; seulement il y a une différence entre croire et savoir. La connaissance ou science certaine se distingue de la foi sur ouï-dire, *fides per auditionem;* en toute religion, il y a la doctrine, il y a l'histoire. L'Écriture n'en doit pas moins être reçue avec un profond respect. Quel livre donne plus de force et de consolation? qu'y a-t-il dans l'ensemble qu'on ne puisse sans impiété croire divinement inspiré? Mais si des additions contraires à l'honneur de la Divinité, à ses attributs certains, ont résulté de l'incurie des temps, il faut, sinon corriger le livre, au moins récuser les interprètes. La vraisemblance peut toucher de très-près à la vérité; une histoire peut être si voisine de la certitude, qu'il y aurait impudence à la révoquer en doute. Des miracles allégués à l'appui d'une loi nouvelle, injuste peut-être, sont des impostures; une bonne loi, une bonne religion sans miracle, doit être honorée; mais des miracles qui ont une bonne fin sont non-seulement possibles, mais dignes de foi. Si les choses attestées légitimement ne sont pas les vérités mêmes, elles ont reçu droit de vérité, *veritatis civitate donatæ*; mais il faut tenir compte des époques. Les siècles ou les pays grossiers ne peuvent donner un grand poids à leur témoignage. Il faut laisser aux auteurs la responsabilité de ce qu'ils en racontent. Les faits historiques doivent être traités comme les objets réels. S'ils sont de nature à concorder avec vos facultés internes, s'ils sont conformes et favorables aux notions communes, tout va bien. S'il en est autrement, supposez quelque secret jugement de Dieu, quelque lacune, quelque omission dans le récit. Il y a des choses dont on ne doit affirmer ni la vérité, ni la fausseté. Il y en a d'autres qui, faute d'un examen suffisant, d'une vérification complète, ne sont encore que vraisemblables. On en trouve dans l'astronomie, dans la philosophie, dans la médecine. L'ancien principe : Toute énonciation est vraie ou fausse, ne saurait être adopté sans restriction. Qu'un objet soit donné, il y a nécessairement quelque vérité en lui; tant qu'il n'a pas été méthodiquement considéré, l'essence n'en est pas exactement connue, mais ce qu'on en affirme et qui peut être faux est du moins vraisemblable et possible. Il n'y a de nécessairement faux que ce qui implique contradiction. Le faux, à proprement parler, est ce qui n'est ni possible, ni vraisemblable. Ce qui est possible et vraisemblable peut n'être pas vrai; mais il y a là plutôt vérité imparfaite que fausseté proprement dite. La vraisemblance s'applique au passé, la possibilité au futur. La prédiction n'est qu'une simple conjecture, si elle n'est la perception d'un effet dans sa cause ou une inspiration prophétique. Celle-ci ne peut être admise que si les prédictions sont claires, précises, détaillées, et non conçues dans une vague obscurité. Quelle est la fiction, sauf la fiction de l'impossible, qui ne se réalise en quelque temps et en quelque lieu? Ce n'est pas que l'on doive rejeter toute faculté divine noétique, qui se développe dans certaines circonstances, dans certains états de l'âme, et dévoile des choses qui intéressent l'éternité. L'âme, en déposant tout ce qui est corporel, peut prendre l'essor vers les choses divines, comme il arrive dans une dernière maladie. La vue atteint le soleil; l'âme voit au delà. La béatitude éternelle est possible, et comme elle répond à une faculté de notre nature, cette faculté ne nous trompe point.

Toute la doctrine de lord Herbert est contenue dans le *de Veritate*. Ses autres écrits philosophiques ne font que la répéter et l'éclaircir. Elle avait suscité des doutes et des objections. Le choix des termes n'avait pas été universellement approuvé. L'auteur nous apprend que l'emploi qu'il faisait des mots d'*instinct naturel* et de *faculté* avait paru singulier; et dans un ouvrage dont la première partie a seule été terminée, il a entrepris, en traitant des causes de l'erreur[1], de justifier par des développements ses idées et son langage.

Dans le *de Causis errorum*, il expose de nouveau la théorie des espèces et des conditions de la vérité. Cette exposition nouvelle se recommande peut-être par une exactitude plus scientifique, et par exemple en ce qui touche la vérité de l'objet, on y trouve des règles qui pourraient être encore transportées sans grande modification dans une théorie de l'observation appliquée aux sciences naturelles. L'art d'expérimenter n'y est pas considéré avec autant de détail analytique que dans Bacon, mais avec moins de minutie, de subtilité ; on y remarque un soin constant de rattacher toutes les règles à une théorie de l'esprit humain. Lord Herbert a sur Bacon l'avantage de ne point enseigner une

---

[1] *De Causis errorum, una cum tractatu de Religione laici, et appendice ad sacerdotes, nec non quibusdam poematibus.* — Lond., 1645.

méthode dont il n'ait pas cherché les principes.

La discussion des erreurs des sens est approfondie surtout en ce qui touche la vue et l'influence du tempérament et de la maladie sur les organes. Herbert savait la médecine et même un peu la chimie de son temps. Il sème en conséquence ses recherches sur la sensibilité organique d'observations et de vues qui n'offrent plus peut-être qu'un intérêt de curiosité. Mais ses connaissances en ce genre ajoutaient à son autorité, alors surtout que toute science était encore mêlée d'érudition, que le langage de la physique des écoles était incorporé à la philosophie. C'est en arrivant à la quatrième condition de la vérité du concept, qu'ayant à démontrer l'existence d'une faculté analogue à l'objet à concevoir, il se retrouve au cœur même de sa doctrine philosophique. Toutes les affections des sens organiques seraient comme nulles, s'il ne s'y rapportait en nous de certaines facultés qui produisent des notions innombrables. Ces facultés se divisent en quatre classes. Les premières sont celles qui, excitées par leurs objets, développent dans l'âme les notions communes relatives à Dieu ou au monde. Les secondes sont ces facultés internes qui, liées à ces notions par une nécessité singulière, donnent le sentiment du bon ou du mauvais dans les choses. Les troisièmes sont externes et tendent à la connaissance des qualités sensibles des objets. Enfin il est des facultés qui, parcourant ces notions de toutes sortes, étendent le champ de la connaissance des choses; ce sont les facultés discursives. On a voulu joindre à cette liste d'autres facultés qui répondraient à la grâce ou à une providence particulière, et qui, renfermées et silencieuses dans le cœur, se réveilleraient sous la main de Dieu et réveilleraient les facultés précédentes. Mais elles n'offrent rien qui ne permette de les classer avec les sentiments internes, et quant à la supposition d'un sens révélé ou extatique, tant qu'un révélateur surnaturel n'en fait pas foi indubitable, il le faut proscrire comme une source d'imposture ou d'hallucination. Il est sage de s'en tenir aux facultés capitales qui peuvent être aperçues dans tout homme sain et complet.

Une nouvelle déduction de toutes les conditions de l'action régulière de ces facultés met en lumière ce principe que toute erreur n'est qu'une confusion. On nous comprendra maintenant, quand nous dirons que la règle suprême de la vérité est, d'après Herbert, *la conformation selon l'analogie*. Ainsi quand on oppose la foi à la raison, et que l'on subordonne celle-ci à celle-là, on commet d'ordinaire la méprise de mettre les sens internes au-dessus ou à la place des notions communes. La foi est un assentiment donné soit à des récits, soit à des prédictions. Or l'authenticité du récit est du ressort de la raison, et quant aux prédictions, l'erreur s'est glissée si souvent même dans les conjectures fondées sur la liaison des causes et des effets, qu'il faut encore plus de discernement et de précaution quand il s'agit des choses qui sont au-dessus de l'ordre naturel. Le sort éternel de l'âme dans la vie future est tellement conforme à nos idées sur la Providence et en général aux notions de la sagesse universelle, que l'assentiment de la foi est ici confirmé par la raison. Mais il n'en est pas de même de tout ce qu'on dit des choses célestes. Tout ce qui s'écarte de cette sagesse universelle est la véritable hérésie. L'autorité des hommes ne résulte elle-même que de la raison ; et la raison, par conséquent, doit soumettre à son contrôle les illusions et les fraudes qui dégradent ou annulent cette autorité, heureuse encore si des fureurs insensées n'amenaient en son nom la guerre et la dévastation. La vérité qui se transmet peut être altérée, amplifiée, mal comprise. Dans le champ du vraisemblable et du possible, la raison seule doit être l'arbitre de la foi. De toute foi il faut pouvoir rendre raison. Mais la raison n'est pas le pur raisonnement, le pur procédé discursif. La foi combinée avec le raisonnement seul, sans les notions communes, c'est-à-dire sans la raison, enfante d'absurdes argumentations et d'étranges controverses. La sagesse des notions universelles peut seule rétablir la paix.

Nous regrettons de ne pouvoir analyser un travail étendu sur ce que l'École appelle les objets communs des sens externes, c'est-à-dire les phénomènes généraux des corps de la nature, comme le mouvement, la figure, le nombre, toutes les propriétés physiques. Les erreurs auxquelles en ce genre l'observation est sujette y sont étudiées avec soin. L'ouvrage se termine par une recherche sur l'analogie qui subsiste entre les facultés et les objets, et l'auteur explique tout l'ordre de la connaissance humaine par cette proposition qu'il en dérive comme une conséquence et qu'il établit comme un principe, qu'il y a autant de facultés en nous que de différences dans les choses.

Une seconde partie du *de Causis errorum* était promise, si le malheur des temps et la fatigue de l'âge le permettaient à l'auteur. Mais la révolution vint troubler sa vieillesse, et la maladie l'abrégea.

La philosophie ne peut être une science usuelle, et cependant la religion est pour tout le monde. Les ministres du culte sont les philosophes du peuple. Si la philosophie se pose entre le prêtre et le fidèle, que doit faire le fidèle? Dédaigner la philosophie ou la suivre? C'est demander quelle doit être en général la religion du laïque. Cette question si naturelle et si pénible dans les temps où les Églises se combattent, où la controverse devient une guerre, lord Herbert n'avait pu s'empêcher de la poser dans son *Histoire de Henri VIII*. En racontant le changement de liturgie et de croyance qu'opéra cet audacieux prince, opprimant tour à tour ceux qui voulaient rester en deçà et ceux qui voulaient aller au delà de sa capricieuse réforme, lord Herbert est saisi de pitié [pour les tourments d'esprit des hommes sincères qui avaient été soumis à de telles épreuves, et il s'arrête en pleine histoire pour offrir au lecteur le refuge philosophique de la foi dans la sagesse universelle, expression de l'universelle providence. C'est le thème qu'il reprend et développe dans un opuscule intitulé *la Religion du laïque*[1].

Il existe des religions diverses ; il en a existé qui ne sont plus. Toutes ont eu ou ont encore des interprètes, des ministres qui se disent seuls en possession de la tradition divine. Comment faire un choix entre leurs prédications menaçantes ? que deviendrait un voyageur qui parcourrait l'univers ? Lord Herbert écrit, en se mettant à la place de ce voyageur. S'il se décide à se soumettre sans réserve à ses supérieurs religieux, prendra-t-il la voie de la foi ou de la raison ? Mais il entendra dire que le péché originel a vicié

[1] P. 127-154.

les facultés de l'âme ; alors comment la faculté de la foi est-elle exempte de cette corruption primitive? et si la rédemption a rendu aux facultés leur intégrité, pourquoi la raison n'aurait-elle pas repris la sienne? Le simple laïque se recueillera donc, et, consultant tour à tour la raison et la foi, tantôt il demandera à Dieu et cherchera la vérité, tantôt il se confiera à la bonté divine. Mais ces prières et cette confiance supposent la notion d'un père commun, d'un Dieu que toutes les religions proclament. On comprend sans autre développement comment l'auteur trace la route au voyageur qui parcourt le monde religieux, en lui donnant pour critère des religions établies la foi absolue dans les dogmes de la religion universelle.

Comme l'examen des croyances humaines est immense, peut-être impraticable, comme il ne serait en tous les cas accessible qu'au très-petit nombre, il en résulte pour conséquence pratique que l'on doit ne prendre pour indubitable que l'universel, et qu'il faut s'en tenir aux cinq articles.

On objecte, dit lord Herbert, qu'à cette réduction du symbole la religion perdra quelque chose. Peut-être, mais non pas certainement la sainteté de la vie. Un grand préjudice, ajoute-t-on, en résultera pour l'épiscopat et le sacerdoce. Pourquoi? La hiérarchie et la dotation[1] seront maintenues. N'y aura-t-il plus de temples, plus de prières, plus de peuples à initier aux choses sacrées? Tous les devoirs du ministère subsistent, à la condition que les ministres ne défigurent pas les attributs divins, ne placent point le salut dans les choses controversées, ne prétendent pas enfin en savoir plus que leurs facultés naturelles[2]. Le voyageur à qui lord Herbert s'offre pour guide, fort de l'appui des croyances fondamentales, acceptera avec reconnaissance tout ce qui dans la religion

---

[1] « Stipendium. » P. 140.
[2] « Ne ultra facultates sapiant. » P. 141.

révélée en accroît l'évidence et l'empire. Il rejettera tout ce qui les obscurcit ou les ébranle, tout ce qui suscite des opinions ou des passions funestes. Cette doctrine est représentée formellement par l'auteur, non-seulement comme indubitable en principe, mais comme propre à rétablir la paix, à rendre à la religion, à la hiérarchie, à l'État, une autorité et une dignité solides, à augmenter l'influence et la sévérité de l'enseignement moral, et à concilier la véritable pensée des livres saints avec la croyance et le culte.

Son office n'est point de discuter les dogmes particuliers ni les conditions du salut. Il se justifie donc de ne point s'attacher à une religion particulière, car ce n'était pas son sujet. Il n'appartient pas au laïque de résoudre les questions controversées. Personne n'a des Écritures une plus haute opinion que la sienne. Mais enfin il faut bien reconnaître que d'autres religions ont enseigné ce qu'il appelle les cinq vérités catholiques, que rien n'est plus hasardeux que de les altérer par des additions imprudentes. Les dogmes particuliers les plus innocents n'y doivent pas être incorporés, chaque ordre de croyance devant conserver ses fondements à part. Autrement les vérités gravées dans le cœur de l'homme ne dépendraient plus que d'une tradition et perdraient leur universalité. Il ne s'est point expliqué sur ce qui suffit au salut ; mais il conseille au clergé d'imiter sa réserve, en parlant des peines de la vie future. Quant à lui, il soumet tout ce qu'il a dit *au jugement de l'Église vraiment catholique.*

Dans une dernière allocution aux prêtres, *Appendix ad sacerdotes,* il leur adresse des questions pressantes. Vaut-il mieux, oui ou non, que la religion orthodoxe ait pour fondement les thèses de la foi que le dogme d'une providence universelle, qu'elle s'appuie sur les principes contestés que sur ceux qui ne le sont pas ? Ne serait-ce pas mériter l'accusation d'athéisme que de rejeter une providence universelle, et de refuser un Dieu paternel, une providence, des moyens de salut à une partie du genre humain? est-il possible de trouver par toute la terre d'autres vestiges de Dieu que les cinq articles et d'y ajouter rien en fait de piété et de pureté morale qui n'en soit déjà la légitime conséquence? Si c'est un axiome au-dessus du doute que Dieu est la véracité souveraine et ne peut tromper ni être trompé, comment expliquer les erreurs, les schismes, les variations engendrées par l'interprétation des Écritures, si l'on ne s'en prend aux interprètes, aux copistes, aux altérations des manuscrits? Dans le sein des Églises particulières, les controverses n'ont-elles pas enfanté des sectes qui allèguent chacune leurs miracles? ne s'est-il pas enfin produit des dogmes nouveaux, comme la prédestination, la justification par la foi, qui d'une part rétrécissent l'empire de la providence universelle, et de l'autre enlèvent quelque chose à la sévérité de la vertu, à la chasteté de la religion? Les actions et les réflexions pieuses ne sont-elles pas préférables à des disputes éternelles qui feraient désespérer de la paix parmi les hommes ? Enfin qui jamais a pu nier sérieusement un seul des cinq articles? L'athéisme même ne peut se justifier en alléguant l'ignorance.

Il y a une objection ou du moins un doute que lord Herbert a jusqu'ici laissé sans réponse. Il soutient que les cinq articles sont à la fois des principes de l'esprit humain et des dogmes investis du consentement universel. Ce dernier point est un fait à constater, et dans son ouvrage philosophique, il l'affirme plutôt qu'il ne le constate. A l'époque où il écrivait, la tentative de tracer un tableau complet des religions du monde eût été bien vaine. Aujourd'hui même, tous les nuages sont loin d'être dissipés. Mais dans un temps où l'érudition ne dépassait guère les bornes du monde grec et romain, c'était enseigner presque tout ce qu'on désirait savoir des croyances du genre humain que de décrire le paganisme de l'antiquité. Ce sujet avait déjà exercé la critique et l'érudition du temps.

C'est, en effet, Vossius que lord Herbert avait consulté sur un ouvrage encore moins lu que ceux dont nous avons analysé le contenu. Pour donner une base historique aux cinq articles, il fallait les retrouver sous le voile de la religion des gentils, et en même temps expliquer quelles causes avaient conduit l'antiquité à les envelopper de tant de croyances fabuleuses et de dogmes imposteurs. C'est le sujet d'un ouvrage qui a pour titre : *de la Religion des gentils et des causes de leurs erreurs*[1]. Dans ce livre, écrit d'un latin plus correct que ses autres ouvrages, et où il montre plus d'érudition que de critique, lord Herbert a voulu rechercher si les gentils avaient en leur possession les moyens généraux d'obtenir la vie éternelle.

Sur ce point délicat, il avait rencontré trois

---

[1] *De Religione gentilium errorumque apud eos causis.* — Amsteld., 1663.

opinions. Des théologiens, qu'il qualifie d'*atroces*, soutiennent que depuis la chute d'Adam les hommes sont formés d'*une masse condamnée;* que grâce à la mort du Christ quelques-uns sont élus par le bon plaisir de Dieu, et que le plus grand nombre des hommes, tous ceux même qui n'ont pas entendu parler du Christ, sont destinés à une perte éternelle. Mais ceux-là ne sont pas assez dans les secrets de Dieu pour qu'on doive les en croire, et il a enfin rejeté ces prêtres[1]. D'autres théologiens pensent qu'à l'article de la mort, le Christ s'est révélé aux païens qui ont saintement vécu; ces prêtres sont plus cléments pour le genre humain; mais cette opinion peu vraisemblable n'a pour elle ni l'histoire, ni la tradition, ni de solides conjectures. Les scolastiques, qui sautent avec une agilité merveilleuse de la foi à la raison et de la raison à la foi, ne disent rien de bien propre à dissiper un

---

[1] « Sacerdotes illos tandem rejeci. » — *De Relig. gent.*, c. I, p. 3.

doute scrupuleux. Cependant c'est une de leurs maximes « que la grâce salutaire ne manque pas à qui fait tout ce qui dépend de lui. » Et enfin d'autres auteurs, parmi lesquels est Collius, *de Animabus paganorum*[1], soutiennent avec des citations des Pères que les païens vertueux ont été admis au salut par la miséricorde de Dieu. C'est à cette opinion que lord Herbert s'est arrêté, lorsque après avoir été d'abord repoussé par cette foule de superstitions odieuses ou absurdes, il eut découvert que les gentils avaient connu le même Dieu que nous. Mais quel Dieu? Ici se place naturellement la théologie naturelle dont il a si souvent posé les bases[2]. Il trouve que les gentils n'en avaient pas ignoré les principes, et qu'ils ne pouvaient imputer qu'à eux-mêmes les erreurs qu'ils y avaient mêlées.

---

[1] Franc. Collius, de Milan, imprima cet ouvrage en 1622, et mourut en 1640.
[2] *De Relig. gent.*, c. I, p. 2, et c. xv, p. 210.

L'origine du culte religieux, la notion de Dieu, présente dans le culte primitif, présente encore dans le culte des astres et surtout du soleil, dans celui des forces de la nature ou des hommes héroïques, a été dissimulée sous une multiplicité de noms divers, défigurée par des croyances additionnelles et des fictions superstitieuses. Mais un Dieu suprême, auteur du monde, un Dieu très-bon et très-grand, est demeuré incessamment l'objet d'une croyance et d'un culte. Ce Dieu des gentils est le même que le nôtre; ce Dieu est le même que Dieu. Tout ce qu'il y avait de vrai dans les religions païennes, c'étaient les cinq articles, et il n'y avait de vrai que les cinq articles. On peut pécher par un faux culte du vrai Dieu, comme par un vrai culte d'un faux Dieu. Mais il y a toujours du vrai dans une religion, et dans celle des gentils il est possible de retrouver diversement enveloppée la croyance dans un esprit suprême, dans la sainteté de la vertu, dans la nécessité d'un sacerdoce, d'une expiation ou d'une lustration, enfin dans la certitude des peines et des récompenses à venir. Toutes ces choses ont été tant de fois soutenues qu'il serait oiseux d'en rapporter les preuves telles que lord Herbert croit les avoir trouvées. Quoique tout cela ne fût pas neuf, même de son temps, il le croyait neuf, et il s'estime plus heureux qu'Archimède ne l'était d'avoir résolu son fameux problème d'hydrostatique, lorsqu'il a découvert au fond de la religion des gentils les cinq dogmes de la religion naturelle. Quand le christianisme est venu, il a dégagé ces mêmes dogmes de tout mélange impur, et ce qu'il a laissé au paganisme était si peu de chose que le paganisme a cessé d'exister.

CHAPITRE III

LORD HERBERT DE CHERBURY. — EXAMEN DE SA PHILOSOPHIE.

Deux écueils sont à éviter, lorsqu'on entreprend d'exposer une doctrine philosophique. Il ne faut ni la traduire dans un langage trop différent de celui de l'auteur, ni lui conserver trop exactement ses formes et ses expressions. Le second procédé risquerait de rendre l'analyse obscure et d'augmenter la difficulté d'apercevoir les points saillants d'un système et d'en saisir les caractères comparatifs ; mais le premier répandrait sur toutes les écoles, sur toutes les opinions, une couleur uniforme, celle du temps où l'on écrit ; il laisserait supposer que les hommes ont toujours conduit et rendu leur pensée de la même manière, et pourrait exagérer les ressemblances et les différences qui rapprochent ou distinguent une philosophie de celles qui l'ont précédée ou suivie. De ces deux excès, nous craignons d'avoir, en général, moins évité celui d'une fidélité trop littérale et particulièrement avec lord Herbert.

Au moins espérons-nous par là échapper à l'inconvénient où sont tombés quelques historiens habiles de la philosophie, qui n'ont pas assez tenu compte des changements particuliers que chaque époque et chaque homme apporte dans la conception et la rédaction des mêmes idées ; car si les idées qui servent de fond à la philosophie sont éternelles, elles offrent mille points de vue divers. L'esprit humain est perpétuel, il n'est pas monotone. L'individualité porte dans l'unité de la science une variété qui en fait l'attrait le plus piquant, et sans laquelle, après tout, la science n'aurait pas d'histoire.

Nous avons d'ailleurs un moyen de réparer ce que peut offrir encore de pénible et d'obscur l'exposition trop textuelle de la doctrine de lord Herbert. C'est, au risque de quelques longueurs, de la reprendre à nouveau et de la reproduire sommairement en langage moderne. Les difficultés qui ont arrêté même un interprète de la sagacité de M. Hallam[1], disparaîtront au moins en partie, et la place de lord Herbert, dans la succession des penseurs et dans l'histoire des systèmes, se marquera d'elle-même. On l'aura vu en costume du temps, puis en vêtement moderne; on le reconnaîtra mieux.

Il est évident que les controverses religieuses, toujours près de devenir des guerres civiles, avaient produit sur lui la plus forte impression. Ces luttes sanglantes au nom de la vérité devaient blesser tout esprit que la passion n'aveuglait pas, et lui inspirer soit le dégoût et l'insouciance à l'endroit des questions qui se résolvaient à

[1] *Hist. litt.*, t. III, c. III, p. 114 et suiv.

coups de hache ou d'épée, soit un sentiment plus louable, la noble ambition de chercher au-dessus des partis la vérité dont ils souillaient la cause et profanaient le nom. L'indifférence au seizième siècle pouvait être une preuve de supériorité; elle avait pourtant le danger d'amener après elle un scepticisme, meilleur sans doute que le fanatisme, mais en soi d'une valeur médiocre. Elle pouvait aussi, et lord Herbert en est un éclatant exemple, devenir l'origine d'une croyance déterminée et d'une philosophie indépendante. Nous ne doutons guère que le besoin de se séparer des sectes ardentes de son temps, et de reposer sa raison dans une foi digne d'elle, ait été le mobile qui porta Herbert à philosopher.

Cependant il y avait aussi dans son esprit une curiosité vive et sérieuse qui en aucun temps, je pense, ne lui eût permis de rester étranger aux problèmes agités par l'esprit humain. Des connaissances variées, le goût des études scientifiques, même alors que la science était pédantesque, la lecture des auteurs estimés de son temps, le disposaient à se porter avec ferveur à la poursuite de la vérité. Il se peut même qu'un certain esprit de contradiction l'ait animé, et qu'il n'ait pas été fâché de penser autrement que Bacon. On ne voit en effet nulle part qu'il l'ait suivi, même lorsqu'il se rencontre avec lui. En général, il ne cite pas. Les anciens, quoiqu'il montre dans ses recherches sur les religions païennes une certaine érudition, probablement empruntée, n'étaient point ses autorités familières. Il parle de l'École, mais d'ordinaire pour l'attaquer et ne nomme aucun de ses grands docteurs. Nous savons par ses mémoires qu'il faisait cas de Paracelse, des médecins du seizième siècle, et qu'il estimait Telesio et Patrizzi, les seuls philosophes modernes dont il conseille la lecture. Mais quoiqu'on aperçoive çà et là dans ses écrits, surtout dans les passages qui touchent à la physique et à la physiologie, des traces de son commerce avec eux, il en parle peu, et en métaphysique surtout, il s'efforce de donner un tour qui lui soit propre aux idées qui ne sont pas à lui seul. Tout cela est plus remarquable encore, si on le compare à Bacon. On chercherait en vain ce grand nom dans les ouvrages, même dans les mémoires de lord Herbert. Tous deux étaient pourtant contemporains; Herbert approchait de quarante-cinq ans, lorsque Bacon mourut. Tous deux avaient servi les mêmes princes, fréquenté la même cour, dû leur fortune au même protecteur. Ils ne pouvaient être inconnus l'un à l'autre, et l'on a peine à supposer qu'ils ne se fussent jamais entretenus des sujets habituels de leurs méditations respectives. Lord Herbert était curieux et causeur; lord Bacon prévenant et communicatif, plein de confiance en lui-même et d'empressement pour les nobles personnages. Il n'a donc pu dédaigner lord Herbert, qui n'a pas dû ignorer lord Bacon. Un frère du premier, George Herbert, qui n'était nullement étranger à l'objet de leurs communes études, a même vécu dans l'intimité

du second, et pris une certaine part à ses travaux.
Cependant lord.Herbert et Bacon ne disent rien
l'un de l'autre; ce silence n'est pas naturel, ou
plutôt il ne l'est que s'ils se sont mutuellement
déplu. Bacon aura trouvé dans Herbert un dis-
ciple rétif et tranchant; Herbert aura vu dans
Bacon un maître peu sûr et un philosophe in-
complet. Peut-être même sa loyauté de gentilhomme, gendarmée sans pitié contre les bassesses
du chancelier, n'aura point pardonné au philosophe. Évidemment, il a cherché, pensé, écrit,
hors de son influence. Ses ouvrages sont une
preuve que dès le berceau de la philosophie en
Angleterre, tout n'a pas relevé de Bacon. A nos
yeux, celle de lord Herbert est presque une pro-
testation contre l'éloquent promoteur de l'empirisme.

Sans doute Herbert a comme Bacon attaqué
la scolastique; sans doute il est comme lui l'ennemi de l'autorité dans les sciences. Comme lui
enfin, il espère que le temps est venu d'insti-

tituer sur les débris de serviles préjugés une philosophie nouvelle et libérale, qui soit comme une émancipation de la pensée. A quel esprit tant soit peu élevé et fier ne souriaient pas alors ces nobles idées? Qui, parmi les intelligences d'élite, ne se sentait pas, depuis les commencements du seizième siècle, échauffé de tous les sentiments précurseurs d'une révolution dans l'esprit humain? Tout cela veut dire que lord Herbert était du même temps que Bacon. Mais ces rapports une fois reconnus, il en diffère, et s'attache à en différer dans ses principes, sa méthode, son point de départ, dans l'objet même de ses recherches. Quand il parle d'observation et d'expérience, il ne rappelle pas, même par le langage, le philosophe de l'observation et de l'expérience. Sa doctrine n'est pas précisément opposée à celle de Bacon, mais elle est tout autre. On dirait que, sans en avertir, il se donne pour tâche de remplir les lacunes de celle-ci, et d'en montrer implicitement le vide ou le faible, en traitant tout ce qu'elle n'a pas traité, en résolvant ce qu'elle n'a pas résolu, en posant des questions qu'elle a paru ignorer, en cherchant des principes là où elle n'a pas semblé soupçonner qu'il y en eût ni qu'il en fallût avoir. On pourrait presque dire que la philosophie de Bacon commence là où Herbert finit la sienne.

En effet, s'il jette au début, ainsi que Bacon, un coup d'œil sur l'état des esprits et des sectes, s'il frappe d'une critique sévère tout ce qu'on dit et tout ce qu'on pense, ce n'est pas pour déduire de ce doute élevé sur la sagesse de ses devanciers la nécessité d'une nouvelle méthode d'inquisition scientifique, mais la nécessité d'un principe. Ce principe, c'est la vérité. Qu'est-ce que la vérité[1]? Poser cette question, c'est déjà supposer la vérité. Et en effet le scepticisme peut contester que la vérité soit connue, mais non

[1] « Il (Herbert) examine ce que c'est que la vérité ; et, pour moi, je n'en ai jamais douté, me semblant que c'est une notion si transcendantalement claire, qu'il est impossible de l'ignorer. » — Descartes, *Lett.*, t. VIII, p. 168.

qu'elle existe. Qui a jamais prononcé ces mots : La vérité n'est pas? Et si la vérité est, elle est, de l'aveu du scepticisme, connue à un certain degré. Car cela même est connaître une vérité que connaître que la vérité existe et ne peut pas ne pas exister. Le scepticisme qui dit qu'on ne saurait connaître la vérité la suppose, et par conséquent se nie en s'affirmant.

Dans le principe même de l'existence de la vérité sont comprises son universalité et son éternité. Existante, universelle, éternelle, car même le néant, s'il était, serait la vérité, elle est de soi et en soi manifeste. Ce n'est que par rapport à nous, à cause de nous, qu'on la dit cachée. Elle l'est pour nous, ou du moins elle ne se montre à nous que sous certaines conditions. Il y a la vérité de la chose en soi; il y a la vérité de l'apparence; c'est la chose en tant qu'elle nous apparaît ou le phénomène. Herbert, qui par instant va comme à la rencontre de Kant, tient la vérité de la chose pour seule absolue; il n'affirme point que la vérité de l'apparence réponde à toute la vérité de la chose; il l'ignore. Mais il dit, avec les philosophes de l'École, que nous empruntons au dehors ces apparences, pour nous former les représentations des objets; ce sont les idées, telles qu'elles ont été comprises et discutées dans la longue controverse qui dura de Descartes à Reid. Nous percevons donc les choses par leurs caractères, par les propriétés qui les distinguent entre elles, et chaque propriété connue est pour nous vérité; d'où l'on peut dire qu'il y a autant de vérités que de différences dans les choses. Ces différences sont les modes d'un sujet substantiel; en tant que connues par le moi, elles y supposent un pouvoir spécial de les connaître, ce qu'on pourrait appeler une faculté appropriée à chacune d'elles, et grâce à ces diverses facultés, nous concevons chaque différence des choses, et les choses avec toutes leurs différences. Ainsi la vérité de la chose, celle du phénomène, celle du concept, se succèdent. L'accord ou la conformité de toutes ces vérités entre elles constitue une vérité générale qui est éminemment du ressort de l'intelligence. Cette concordance suppose entre tous ces faits, tous ces éléments, une analogie, une harmonie possible ; et elle ne se réalise que si certaines conditions de possibilité, de régularité, de conformité, sont exactement remplies. La détermination de ces conditions est nécessaire à la connaissance de la vérité. La constatation de l'accomplissement formel des conditions est nécessaire à la certitude de notre connaissance de la vérité. C'est l'objet d'une logique supérieure à la logique des écoles, qui ne s'occupe que du raisonnement.

Qu'il y ait des conditions à remplir, qu'elles soient ou ne soient point remplies, c'est l'intelligence seule qui peut le savoir. L'intelligence a sa vérité au moyen de laquelle elle éprouve et assure la vérité de tout le reste. Il faut donc qu'elle ait en elle-même des principes de vérité et de connaissance, qu'elle ne puise ni dans les phénomènes ni dans les perceptions ou conceptions des phénomènes, puisque c'est à l'aide de ces principes qu'elle contrôle et coordonne perceptions, conceptions et phénomènes. Ces données, ces lumières, ces principes, sont des notions universelles, et universelles à double titre, puisqu'elles s'appliquent à toutes les notions particulières, et qu'elles se trouvent dans tout entendement sain. Ces notions que l'intelligence emploie sans hésitation, dont elle ne peut douter, sur lesquelles aucune discussion ne s'élève, n'ayant été tirées d'aucune connaissance expérimentale, d'aucune perception accidentelle, sont primitives dans l'entendement. Elles ont donc une origine antérieure à toute expérience des choses réelles. Aussi les modernes les appellent-ils des connaissances *a priori*. Lord Herbert en conclut qu'elles sont inspirées, qu'elles ont été déposées par Dieu même dans l'âme humaine. Leur rapport avec tout le reste, avec les objets, avec les impressions et les idées dont les objets sont la cause ou l'occasion, tout atteste une coordination qui ne peut remonter qu'au Créateur. Elles sont donc une émanation, une partie de la sagesse divine, et comme l'expression et l'instrument dans l'homme de la Providence universelle.

De là une autorité, une certitude, une infaillibilité, une sainteté dans ces notions qui les rend supérieures à tout. Elles sont le criterium et la loi de toute vérité, si elles ne sont toute vérité, car elles sont ce qu'il y a de divin dans l'humanité.

Bacon avait dit qu'il existe une lumière naturelle qui n'est pas celle qui naît du sens, de l'induction et de la raison, mais celle qui éclaire l'âme humaine par un instinct intérieur[1]. Herbert, empruntant cette seule fois peut-être et peut-être sans le savoir quelques mots à Bacon, appelle

---

[1] « Animæ humanæ interno affulget instinctu. » — *De Aug.*, l. I, c. I.

la faculté des notions communes, ou l'intelligence dans ce qu'elle a ainsi d'irrésistible et d'inspiré, l'instinct naturel. C'est un instinct en ce sens que, comme l'instinct proprement dit, ce n'est ni l'expérience ni le raisonnement qui nous persuade de penser et de suivre les notions communes. Elles sont une loi de notre raison qui la subit et ne la crée pas. La raison ne peut pas plus s'y soustraire que la pierre à la loi de la pesanteur.

Cet instinct, les notions communes, les facultés noétiques, tout cela appartient à l'intelligence même, à la νόησις d'Aristote, à l'*intellectus* des scolastiques, à la raison pure de Kant[1]. Si

---

[1] Νοῦς ou νόησις est opposé, dans Aristote, à διάνοια (quelquefois λογισμός, ou même λόγος) ou la raison noétique à la raison dianoétique (discursive). Les scolastiques prennent souvent *intellectus* dans le premier sens, *lumen intellectus agentis* (saint Thomas). La raison pure de Kant n'est pas précisément la raison spéculative; c'est plutôt la raison dans ses lois nécessaires. Cependant il distingue formellement la raison proprement dite de l'entendement, tandis que Jacobi, renversant les termes, appelait plutôt intellect, *Verstand*, la faculté noétique, et raison,

l'homme n'était qu'une intelligence, il aurait tout cela : mais il est quelque chose de plus. Il est une créature sensible; c'est-à-dire qu'il est en cette vie, sur la terre, composé d'un corps et d'une âme, et qu'il est conséquemment avec les objets dans un rapport tel qu'il éprouve par eux ou pour eux de certaines affections. Celles du sens interne sont les plus voisines de l'intelligence, à ce point que l'intelligence s'en empare, applique nos sentiments aux objets qui lui sont propres et qu'elle connaît par ses seules lumières. Mais nos sentiments se rapportent aussi à nos perceptions du dehors ; ils sont en relation avec le corps, avec les choses de la vie et de la nature. Comme tels, ils sont aussi des sources de connaissances, de connaissances *a pos-*

Vernunft, la dianoétique. Un écrivain anglais, Coleridge, a fait les plus grands efforts pour rétablir et rendre familière la distinction kantienne de la raison, faculté des idées (Platon) et de l'entendement, faculté des idées (Locke). Celle-ci n'était, selon lui, qu'une sorte de sagesse de la chair ou d'intelligence appliquée aux sensations.

teriori, de connaissances originairement expérimentales, mais transformées et développées par la puissance du sens interne sous l'empire de l'intelligence. Au-dessous ou plutôt en avant de ces sentiments, sont ceux qui appartiennent au sens externe, et qui sont non-seulement les sensations proprement dites, mais cette foule de perceptions inséparables de la sensibilité du dehors. L'âme a, pour mettre d'accord tous ces éléments de connaissance, pour les parcourir en tout sens, pour les combiner de toute façon, pour accroître ainsi la masse de ses connaissances, un mode d'activité propre ou la faculté discursive, faculté admirable et périlleuse, qui est particulière à l'humanité, qui remplace par son action lente l'intuition directe d'une intelligence pure, mais qui est à la fois nécessaire pour diriger et rectifier nos opérations, et sujette à l'erreur plus qu'aucune autre faculté. Le tort de la logique scolastique est d'avoir considéré exclusivement cette faculté, et fait de l'art de la conduire l'unique source de la science. Ce n'est pas que cette même faculté ne joue un rôle fort important dans la connaissance humaine. Mais de ses erreurs viennent presque toutes les erreurs des sectes et des écoles. Il est évident que l'art discursif ou la logique, et la pratique de cet art, ont besoin d'un régulateur, d'un surveillant, et ce ne peut être que l'instinct naturel qui contrôle ainsi le raisonnement à l'aide des notions communes. En d'autres termes, l'intuition domine la déduction. L'art discursif en lui-même trouve ses règles dans les notions de la raison intuitive, et la recherche des moyens d'employer cet art à la connaissance de la vérité, ou de résoudre les questions que l'esprit peut se poser sur les choses, est une zététique relative à dix questions fondamentales qui équivalent aux catégories du péripatétisme et qui les remplacent.

Voilà ce qu'on pourrait appeler la psychologie et la logique de lord Herbert. Voilà sa philosophie, et se réduisît-elle à cette théorie de l'esprit humain, elle aurait parcouru un vaste champ, le champ qu'il importe le plus de parcourir. Car la connaissance et la vérité en général forment le premier et le plus important problème de la science, peut-être parce qu'il ne peut être résolu sans qu'une foule d'autres soient résolus avec lui.

Nous écarterons de la doctrine de lord Herbert l'insertion des idées-espèces, de ces fantômes intermédiaires à l'image des choses et qui seraient détachés des choses ou rattachés aux choses par l'esprit même. Car c'est un point de doctrine qui ne lui est nullement particulier, et qui peut être discuté ailleurs. Nous n'admettrons pas non plus sans réserve un nombre de facultés égal à celui des différences des choses, d'abord parce qu'il n'est pas à propos d'appeler faculté ce qui est en acte. Toute perception ou notion est un acte d'une puissance de percevoir ou de concevoir, mais ne peut être cette puissance même. Les facultés deviendraient ainsi innombrables[1]. Si avec lord Herbert on les investit d'une existence distincte, il est impossible de comprendre ce qu'en elles-mêmes sont tant les notions générales que les perceptions individuelles, qui vont toujours en se multipliant, créations fortuites, éventuelles, de l'expérience. Une faculté générale ou puissance, et un nombre illimité d'actes possibles de cette puissance, paraissent une représentation plus intelligible et plus exacte de ce qui se trouve et se passe dans la connaissance humaine. Nous n'adhérons pas non plus sans réserve à l'existence ou à la désignation d'un sens interne et d'un sens externe, entre lesquels se répartissent les sensations, les

[1] « Il (lord Herbert) veut qu'il y ait en nous autant de facultés qu'il y a de diversités à connaître, ce que je ne puis entendre autrement que comme si à cause que la cire peut recevoir une infinité de figures, on disait qu'elle a en soi une infinité de facultés pour les recevoir : ce qui est vrai en ce sens-là. Mais je ne vois point qu'on puisse tirer aucune utilité de cette façon de parler, et il me semble plutôt qu'elle peut nuire en donnant sujet aux ignorants d'imaginer autant de diverses petites entités en notre âme. » Descartes, lettre au P. Mersenne, t. VIII, p. 169.

perceptions, les idées des individus, celles des qualités des choses, les affections et les sentiments du cœur. Il y aurait là des confusions à faire cesser et des distinctions à abolir. Enfin l'observation faite en passant que la vérité absolue des choses peut n'être pas en rapport adéquat avec la vérité de l'apparence ou de la conception, contient un germe de scepticisme qui n'est assurément pas développé, et que la foi de l'écrivain dans la raison, dans l'intelligence, dans l'instinct, et dans leur auteur, dément implicitement. Cependant on voudrait qu'il s'en fût un peu plus inquiété, et qu'il eût employé positivement ses principes, que je crois suffisants et efficaces pour y réussir, à étouffer cette première étincelle du doute, à établir, non pas plus formellement, mais plus déductivement, la certitude de la connaissance humaine. Je ne lui reproche pas d'avoir insinué le scepticisme ; il faudrait ne l'avoir pas compris. Je lui reproche de ne l'avoir pas entièrement écarté, ayant sous la main toutes les armes pour le combattre et pour le vaincre. J'ajoute au reste que de son temps ce redoutable ennemi n'était pas entièrement connu.

Ces points mis à part, reste une doctrine philosophique, et nous n'hésitons pas à le dire, une doctrine forte et vraie. Lord Herbert n'est pas sans doute le premier, encore moins est-il le dernier qui ait admis, comme principes de la science, de simples faits de l'esprit humain, et qui ait théoriquement cherché la vérité dans la raison. Il y a là quelque chose de si juste et de si nécessaire que ceux mêmes qui contestent la valeur scientifique du principe, l'invoquent dans les moments où ils oublient de le nier, et qu'on trouve l'appel au sens commun jusque chez des philosophes qui le récusent. Mais ce qui est déjà plus rare, ce qui est un mérite réel, c'est d'avoir montré que les notions primitives ne sont ni induites ni déduites *a posteriori*, et sont, de fait comme de droit, des principes. Ce n'est pas là une simple vérité de sens commun. Ce point de doctrine non-seulement n'avait pas été traité en Angleterre avant Herbert, mais la philosophie du moyen âge, sans le contester précisément, même en l'admettant dans l'occasion, était loin de l'avoir mis en pleine lumière. Elle s'est toujours ressentie d'une certaine incohérence qui peut, sur ce point capital, être remarquée dans son maître. Aristote avait certainement bien vu que la démonstration suppose des éléments indémontrables. La faculté des principes est, suivant lui, non la raison du raisonnement, mais l'intelligence pure ou la raison noétique, dont l'appréhension est tellement immédiate qu'elle peut être comparée à une sensation[1]. Mais il a plus d'un passage au moins équivoque, où en montrant comment l'expérience, comment la sensation donne lieu à nos connaissances, il semble insinuer que nos connaissances n'ont pas d'autre source, et certes lorsqu'il a dit que l'intelligence était des tablet-

[1] *Eth. Nicom.* VI, xii, 4 et 5. Cf. ii *Anal.* I, ii, 6 ; iii, 4, xix, 2, 3, etc.

tes où rien n'était écrit[1], il a dû paraître donner les mains d'avance à la doctrine stoïcienne que rien n'est dans l'intellect qui n'ait été dans le sens[2]. Il faut donc savoir beaucoup de gré à lord Herbert d'avoir attaqué avec tant de force et de clarté l'hypothèse de la table rase adoptée de presque tous ses contemporains[3]. Je ne sache pas qu'on ait après lui beaucoup ajouté à la puissance de sa démonstration, et je répète volontiers, avec le juge le plus compétent, que son ouvrage contient de la doctrine du sens commun une énonciation plus formelle et plus positive qu'on n'en eût, je pourrais presque dire qu'on n'en ait encore publié[4]. Le père Buffier, en définis-

---

[1] Γραμματεῖον. *De Anim.* III, iv, 11.

[2] Cette maxime ainsi formelle paraît être d'origine stoïcienne. Qu'elle soit dans son sens absolu la pensée d'Aristote peut être contesté. Il serait trop long de citer ici les textes et de les discuter. Mais on peut consulter la note A, 6 de sir W. Hamilton, dans son édition de Reid, p. 774.

[3] « Apage igitur veteratoriæ scholæ rasam tabulam. » *De Verit.* p. 113. Cf. *id.*, p. 54.

[4] Hamilton, ibid. p. 781 ; ou plutôt dans Buffier : « La dispo-

sant le sens commun la disposition de la nature à reconnaître par un jugement uniforme les vérités premières ; Kant, en démontrant l'existence des jugements *a priori* dans la raison pure, il est vrai, pour les mettre en suspicion ; Reid, en élevant à la dignité d'axiomes les principes communs [1], et en réclamant une foi absolue dans les données fondamentales de la raison ; Jacobi, en ramenant toute science à un principe de sentiment ou de croyance qui nous fait irrésistiblement adhérer aux appréhensions immédiates de la sensibilité et de la raison ; D.-Stewart, en poussant la foi dans le sentiment intime jusqu'à l'identifier avec la perception, ont pu rajeunir, ils n'ont

sition que la nature a mise dans tous les hommes ou manifestement dans la plupart d'entre eux, pour leur faire porter, quand ils ont atteint l'usage de la raison, un jugement commun et uniforme sur des objets différents du sentiment intime de leur propre perception ; jugement qui n'est point la conséquence d'aucun principe antérieur. » *Traité des prem. vérités*, partie I, ch. v.

[1] *Notiones communes*, Herbert. *Common principles*, Reid. — Voy. *Ess. on the intell. pow.* I, ch. II, et *passim*.

pas fortifié les doctrines de lord Herbert. Les formes d'exposition et de diction que ce dernier a préférées peuvent manquer de propriété ou d'élégance, mais elles n'ôtent rien à l'évidence et à la vigueur de la pensée. Lorsqu'il a appelé instinct la raison primitive et naturelle, il a employé un mot qui peut n'être pas approuvé, mais qui se rencontre dans Cicéron avec un sens analogue, et nous l'avons vu dans Bacon[1]. Il était usité en ce sens chez les philosophes contemporains, et on le retrouve dans Leibniz et chez les modernes. Le seul tort est de l'avoir nommé instinct naturel ; outre que tout instinct est naturel, ce n'est pas le distinguer de l'instinct proprement dit, et comme on lit dans un diction-

---

[1] Oui, la raison se tait, mais l'*instinct* lui répond.

Sir William Hamilton, qui nous sert ici de guide, défend ce mot d'*instinct*, et le montre avec la même signification chez des écrivains de la plus grande autorité, Cicéron, Descartes, Pascal, Leibniz, etc. Le dictionnaire que nous citons d'après lui est le *Lexicon philosophicum* de *Micraelius* (1653), — Voy. *Reid's Works*, note A, p. 760, 781, 785.

naire philosophique de son temps : « *Instinctus..... alius materialis in corporibus, alius rationalis in mente.* » C'est d'ailleurs un langage un peu forcé que de présenter comme des vérités d'instinct ces vérités absolues qui sont du même ordre que les axiomes de la géométrie et qui élèvent au rang des mathématiques, comme le dit fièrement lord Herbert, les sciences philosophiques. Mais ici encore on voit combien nous sommes loin de Bacon.

Dans la théorie de la connaissance contenue au *De Veritate* se lisent déjà la théodicée et même la morale de lord Herbert. Celui qui reconnaît dans l'esprit humain des principes absolus ne peut tomber dans la faute de réduire la morale à une affaire de sentiment ou de convention. Mais celui qui voit dans la raison naturelle la raison divine doit être fort enclin à s'en tenir à la théologie naturelle. Quoi qu'on pense sur ce dernier point, on ne saurait méconnaître le caractère sincèrement religieux de cette philosophie. Ce n'est pas seulement parce qu'il dit que l'existence de Dieu et les principaux devoirs envers lui sont des notions communes, c'est-à-dire des vérités souveraines ; c'est parce que le fait seul de l'existence des notions communes, telles qu'il les entend, prouve l'existence et la présence même de Dieu. En effet, si l'homme n'était rien qu'un être organisé et sensible qui, par l'expérience de la vie, reçût de certaines impressions, destinées à se convertir dans le *sensorium commune* en certaines idées, fruits de nos facultés déterminées par nos besoins, il serait à la rigueur possible de concevoir un tel être seul et sans Dieu, quoiqu'il y eût encore en tout cela une coordination qui suggérerait bientôt l'idée d'un dessein, et le dessein dans la nature est Dieu même. Mais, si l'homme est ainsi fait qu'il y ait en lui des lumières naturelles, des semences d'éternelle vérité, d'où peuvent-elles venir, si ce n'est de quelque chose qui soit vérité et lumière? Croyez, si vous le voulez, que la matière vient de la matière. Supposez même que le jeu et la combinaison de ses propriétés produisent l'organisation et la sensibilité; mais la vérité, mais la raison, mais l'intelligence pure ne peuvent avoir qu'une source qui leur soit similaire[1]. Cette harmonie de tous les principes innés de connaissance dans tous les êtres capables de connaître constitue une vérité universelle, dont la présence dans l'esprit humain et l'accord tant avec les phénomènes internes qu'avec les phénomènes externes attestent, non-seulement une coordination générale, mais une origine première, un principe commun, qui est lumière de lumière et vérité en soi. Cette révélation primordiale, si elle existe, est la révélation de quelque chose apparemment, et ce quelque chose, cette vérité antérieure que notre esprit présuppose nécessairement, cette origine des origines, est une manière de remonter à Dieu,

---

[1] « Principiorum naturaliter notorum cognitio nobis divinitus est indita. » Thom. Aquin., *Cont. gent.*, l. I, c. vii.

de désigner Dieu même. C'est ce que Herbert exprime ailleurs d'une façon moins métaphysique en disant que c'est « un axiome indubitable que Dieu est la véracité parfaite,[1] » et par ces paroles il ne fait que devancer Descartes, qui se servant aussi d'un langage tout humain en parlant de Dieu, a dit « qu'il est assez évident que Dieu ne peut être trompeur, puisque la lumière naturelle nous enseigne que la tromperie dépend nécessairement de quelque défaut[2]. » Mais sans déduction, et par une intuition aussi directe que celle qui voit l'existence dans la pensée, il est possible de voir Dieu dans la vérité de l'esprit humain, non pas comme substance, mais comme principe du verbe intérieur. C'est en ce sens que Fénelon a dit: « O raison, n'es-tu pas le Dieu que je cherche ? »

De cette idée première découlent toutes les

---

[1] « Indubium axioma Deum summum veracissimum esse. » *Append. ad Sacerd.*, p. 156.
[2] *Medit.* III.

idées de lord Herbert sur la nature et la destinée de l'homme, ce qui comprend la morale et la religion.

L'homme, suivant Herbert, n'est pas tout instinct naturel. Il a un corps, des organes, qui tiennent leurs propriétés les plus délicates des principes les plus subtils des éléments. Il a un sens interne ou externe, réceptivité, sensibilité, sens intime, qui est comme une nature moyenne entre l'organisation et l'intelligence. Ce sont là des faits qu'on ne peut contester comme phénomènes. Herbert les recueille et les constate avec raison. Son seul tort est de n'en point approfondir la nature, de n'en point déterminer le siége, d'affirmer le phénomène en laissant dans l'ombre la substance, de sorte qu'on ne sait pas positivement avec lui combien, outre l'âme et le corps, il y a de principes dans l'humanité. Mais substance à part, ces phénomènes internes sont passablement analysés et décrits avec une suffisante exactitude. Quels qu'ils soient, c'est par eux que l'homme est autre chose qu'une matière inerte, autre chose qu'une intelligence pure. C'est par eux qu'il a été mis en rapport d'action et de passion avec le monde. Nous ne concevons pas d'autres moyens de communication, quoiqu'il y en ait certainement. Un être assujetti au lieu et au temps ne nous paraît pas pouvoir être autrement en rapport avec les choses que par ces facultés tout humaines. Telles qu'elles sont, elles sont utiles et subordonnées jusqu'à un certain point à l'intelligence ; mais en même temps qu'elles la servent, elles lui imposent un travail, elles lui font sentir ses limites, elles la diminuent à quelque degré en l'exposant aux défaillances, aux déviations dont tout homme n'a que trop l'expérience. On peut dire que ces facultés intermédiaires entre Dieu et la brute, non pas perverses mais imparfaites, entraîneraient l'homme à l'aventure, s'il n'y avait en lui une faculté régulatrice, celle qui par la notion du bien et du mal révèle et prescrit le devoir. Cette sorte de lutte ou d'effort, qu'entraîne la diversité des principes constitutifs de l'humanité, serait la confusion, l'anarchie même, sans la supériorité du principe rationnel, réalisé et manifesté dans la pratique par la conscience morale. Cette supérioriorité serait comme nulle, si elle n'était point accompagnée d'un certain empire ; mais elle serait plus que supériorité, elle deviendrait unité et perfection, si les facultés qui lui sont subordonnées lui obéissaient irrésistiblement. Le gouvernement de la raison n'est pas absolu, parce que l'homme n'est pas une pure raison ; il est possible cependant, parce que l'homme est un être raisonnable. C'est là précisément la liberté de l'arbitre que le sentiment atteste et que la raison réclame. La liberté est à l'homme ce que la puissance est à Dieu. Aussi est-elle en soi infinie à la manière des attributs de la Divinité, et elle serait sans limites, si les facultés et les forces de l'homme n'étaient bornées. Elle serait sans règle ni direction, si

14.

l'intelligence ne la dominait par la notion du devoir que la conscience applique aux cas particuliers. Ainsi la sagesse de Dieu commande, pour ainsi dire, à sa puissance ; l'homme est à l'image de Dieu. Ses dons intellectuels reflètent les attributs divins, et c'est Dieu qui parle à l'âme par la voix de la conscience.

Si une analyse parfaitement rigoureuse n'a pas présidé à cette décomposition de l'homme moral, on doit cependant avouer que rien n'y manque pour assurer à la loi de ses sentiments et de ses actions un caractère impératif et sacré, puisqu'elle lui donne dans l'âme et la même forme et la même origine qu'à toutes les vérités absolues..

Quoique, dans ce système, la liberté de l'homme n'aille pas sans une certaine imperfection dans sa nature, elle n'en est pas moins un noble attribut. La faculté d'être méchant, inséparable peut-être de la bonté chez un être faible et borné, n'est pas une perversité actuelle. La liberté n'est pas corrompue dans son essence, puisqu'elle est la condition de l'empire de la raison, et s'il y a dans l'homme une souillure originelle, elle est dans la présence des organes et des sentiments qui peuvent tomber sous leur influence; elle est enfin dans les obstacles que rencontrent en lui ses facultés divines. Cette peinture de l'homme intérieur est déjà peu compatible avec l'interprétation reçue du dogme chrétien de la déchéance. Cette interprétation avait, sous l'influence de la Réformation, pris un tel caractère de sévérité envers la nature humaine, elle tendait si clairement à la rabaisser, qu'entouré de prédicateurs rigoristes, assailli des menaces du puritanisme, lord Herbert n'avait pas dû se porter, avec une grande bonne volonté pour l'orthodoxie, à l'examen comparatif de la vérité et de la révélation. On voit partout dans ses ouvrages, et surtout dans ses mémoires, un penchant déclaré à se confier ensemble à la bonté de Dieu et à la raison de l'homme. La nature, en effet, et la nature humaine en particulier, est à la fois l'ouvrage et la preuve d'une providence universelle; et toute condamnation absolue de la nature remonterait jusqu'à la Divinité. Cet optimisme, qui paraît avoir été de tout temps un sentiment chez Herbert, est devenu une doctrine, quand sa philosophie fut achevée.

L'universalité des notions fondamentales est un des signes de leur vérité. Une analyse, qu'il n'a pas rendue bien sévère, découvre parmi elles cinq articles de foi, qui constituent la religion universelle, naturelle, primitive, nécessaire, absolument vraie; tous ces termes reviennent à peu près au même. C'est là le symbole que Dieu a gravé de sa main dans notre cœur. Implicitement révélé dans les notions universelles, il l'est explicitement dans celles qui signalent une première cause et l'ordre universel, et plus encore dans celles qui inspirent et prescrivent la piété envers lui, la vertu, le repentir. Cette profession de foi, substance de toute religion, est établie par notre philosophe d'une manière inattaquable, autant du moins qu'il la cherche uniquement dans la raison humaine.

Mais il ne s'arrête pas là. On peut distinguer la grâce de la nature, c'est-à-dire, en présence d'une providence universelle, admettre une providence particulière. En cela, rien de contradictoire, par conséquent, rien d'impossible. Mais il ne faut pas opposer la grâce à la nature, ou la providence particulière à la providence universelle. La contradiction commencerait alors, et comme aucun dogme ne peut être admis, qui soit opposé aux attributs du Dieu de la nature, on ne peut qu'ajouter aux notions universelles, on n'y peut pas contrevenir. C'est d'après ce *criterium* qu'il faut juger les religions positives. Or, le christianisme de l'Église, tel qu'il est expliqué, contenant de toute évidence des principes et des maximes contraires aux vérités de l'ordre universel, ne peut être reçu que sous déduction de ces additions malheureuses; et il est, ainsi que toute autre doctrine, soumis de droit à l'examen de la raison. Contrôlé et purifié par elle, ramené du moins à ses principes essentiels, il peut être, et il est infiniment respectable, éminemment utile, propre à développer les croyances et les vertus de la religion naturelle. Ni la révélation, ni les miracles ne sont impossibles, et par conséquent ne doivent être niés, si d'ailleurs certaines conditions de crédibilité ont été remplies. Cependant tout ce qui est enseigné à ce double titre est, sauf de rares exceptions, objet de croyance plutôt que de science. On y peut croire, mais il n'y a pas nécessité de le faire ; car la nécessité ne va pas sans l'universalité, et la nature est à la grâce comme l'universel au particulier.

Le théisme de lord Herbert est, comme on le voit, tout près du déisme. On peut même soupçonner que s'il ne se prononce pas exclusivement pour la religion naturelle, c'est précaution ou concession arrachée par la prudence, par le respect, ou par cette sympathie ineffaçable dans toute âme honnête pour les formes que donne la société aux plus grandes des vérités de la nature. Peut-être même, dans ce reste de foi à la possibilité des révélations et des miracles, ne faut-il voir qu'une inconséquence obligée chez l'homme qui croyait avoir été averti par un prodige que Dieu voulait qu'il fît imprimer son ouvrage. Lorsqu'en effet il ramène aux cinq articles la religion vraiment catholique, lorsqu'il dit que ces dogmes sont la condition du salut, qu'il y a impiété à croire que Dieu ait refusé à aucun peuple, à aucune époque, à aucun homme les moyens de lui plaire, et que la béatitude éternelle est la fin de notre nature, il est clair, quoiqu'il s'en défende passagèrement, qu'il a cru la religion naturelle suffisante pour le salut, et que la religion révélée tombait, dans sa pensée, au rang d'un vénérable accessoire.

Parmi les raisons qu'il donne à l'appui de cette doctrine, les premières, celles qui sont purement philosophiques, sont les meilleures. Nous laisse rons à d'autres le soin d'y trouver des objections. Nous n'en savons point de sérieuse, avouons-le intrépidement, comme dit Herbert[1], contre ces deux points : La raison est capable de trouver en elle-même et par elle-même la vérité touchant la nature de Dieu et les devoirs de l'homme. — Il est impossible que le Dieu de la raison, de la vérité et de la nature ait en réprobation la raison, la vérité et la nature. — Je crois donc que ce qui est vrai l'étant éternellement, ce qui a été vrai pour Socrate n'a pu cesser de l'être, et que l'immutabilité des distinctions religieuses et morales est un dogme qui résiste au scepticisme.

Ces principes n'excluent pas absolument la révélation. S'ils proscrivent certaines opinions extrêmes, exclusives, certaines croyances incompatibles avec la raison, et qui se sont trop souvent identifiées aux croyances de l'Église, ils sont au moins conciliables avec la foi dans la vé-

---

[1] *De Caus. error.* p. 56 et ailleurs.

rité chrétienne. Les attaques qui touchent au fond du christianisme s'appuient d'ordinaire sur des motifs analogues à ceux que lord Herbert a pris, selon moi, en dehors de sa philosophie. Ces motifs sont tout autrement contestables que les considérations générales qui fondent sa doctrine.

De ce que certains principes sont universels, on est tenté de conclure que non-seulement la vérité, mais la croyance en est universelle ; et cette conclusion, Herbert n'a point hésité à l'admettre. Il dit positivement qu'il tient pour vrai ce qui est dans la bouche de tous et qu'il tire l'instinct naturel du consentement universel[1]. De là on infère que si toute vérité d'un certain ordre est universelle, toute notion universelle est vérité. Herbert le dit encore, la règle suprême de la vérité est le consentement universel[2], et il n'est ni le premier ni le seul à le dire. Que de fois n'a-t-on pas cité ces mots de Cicéron : « En

[1] *De Ver.*, p. 2 et 3 et *passim*.
[2] *Ibid.*, p. 39.

toute chose le consentement de toutes les nations doit être tenu pour une loi de la nature[1] ! » Et pour ne nommer qu'un seul moderne, Bossuet a dit : « Le sentiment du genre humain peut être considéré comme la voix de toute la nature, et en quelque façon, comme celle de Dieu[2]. »

Malgré ces autorités, les deux propositions de Herbert ne sont pas évidentes par elles-mêmes ; elles ne sont pas démontrées ; elles ne sont pas démontrables ; elles ne pourraient être prouvées que par le fait, et elles ne le sont pas.

En effet, de ce que certaines notions sont évidentes, indubitables, absolues, comme les premiers principes, il ne suit pas rigoureusement que l'esprit humain, en général capable de les concevoir, les conçoive en fait nécessairement, et sans mélange d'erreur qui les obscurcisse et les défigure. Les dogmatiques ne doivent pas tomber dans l'équivoque des sceptiques,

---

[1] *Tusc.*, I, 13.
[2] *Logiq.*, l. III, ch. xxii.

qui confondent toujours l'infaillibilité avec la certitude. L'homme est en possession de vérités certaines ; mais l'homme est susceptible d'ignorance et d'erreur. Herbert, qui a recherché avec tant de subtilité les causes de l'erreur, et montré quel fil long et ténu, rattaché sans cesse par la raison, liait ensemble les éléments successifs d'une vérité complexe, n'a certainement pas démontré *a priori* que tous les hommes croyaient et pensaient nécessairement ce que tout homme sain et sensé est fait pour croire. En veut-on la preuve de fait? Les vérités mathématiques sont universelles, et naissent pour la plupart immédiatement de principes évidents par eux-mêmes. S'ensuit-il que tous les hommes comprennent et sachent les vérités mathématiques ? Non, et elles ne cessent pas d'être universelles pour cela. Il suffit que tout homme sain et sensé doive, toutes choses égales d'ailleurs, les comprendre et les savoir comme celui qui les sait et les comprend. Si l'on dit que les vérités de l'ordre moral et religieux, étant d'une plus haute et plus pressante importance, doivent être plus facilement reconnues par le consentement général, c'est plutôt un vœu qu'un axiome que l'on exprime. Sans doute, il est désirable que ce soit ainsi, et dans le fait il en est ainsi jusqu'à un certain point. Mais par des causes que lord Herbert a négligé d'étudier, et que les philosophes laissent trop souvent en dehors de leurs recherches, des inégalités considérables entre les hommes, non-seulement entre les individus mais entre les classes, non-seulement entre les classes mais entre les races ou certainement entre les nations, diversifient et altèrent en fait l'identité de l'esprit humain. Ainsi il diffère profondément d'avec lui-même. Sa nature est en général invariable; mais dans l'application et le développement de ses facultés universelles, l'universalité fait défaut. La raison, ce n'est pas le moment de la chercher ni de la dire. Mais cette diversité, mais les causes générales et particulières qui la produisent, vont jusqu'à obscurcir, à envelopper ou à laisser dans l'obscurité et l'enveloppement les principes mêmes de la raison, à un tel point qu'on doute par moment si c'est bien le même être, défini par la même différence spécifique, qui gratte la terre pour la dévorer sur certaines plages maudites, et qui dans Athènes disserte avec Diotime sur la nature du céleste amour. En un mot, il n'y a pas équation entre les principes de la raison humaine et les opinions humaines.

De là l'impossibilité non-seulement d'assigner pour caractère à la vérité l'universalité de croyance, mais encore d'inférer de l'universalité de croyance la vérité. Je veux parler bien entendu de l'universalité de fait, et je ne dis pas non plus que l'universalité, si elle existe, que même la simple généralité d'une opinion soit un fait méprisable. C'est au moins un motif de prendre cette opinion en considération très-sérieuse. On peut même soutenir que ce qui est ainsi général ne saurait provenir de causes accidentelles et particulières, et doit se rattacher à quelque cause générale, à quelque principe de droit universel. Je trouve sensé ce que dit saint Thomas : « Ce qui est dit par tous ne peut être totalement faux. Car ce qui est en plusieurs paraît naturel ; or la nature n'est jamais totalement en défaut [1]. » L'assertion est plausible, justifiée même, je crois, par le calcul des probabilités, mais elle n'est pas vraie d'une vérité nécessaire, et dans tous les cas un principe universel peut être tellement dévié de la ligne droite, soit par le raisonnement discursif, soit par les sentiments subalternes de l'âme, enfin par l'omission, la confusion ou la fausse combinaison des analogies et des facultés, qu'il devient à peine reconnaissable sous la forme que l'erreur lui a prêtée, dans le milieu de difficile transmission où luit, affaiblie, sa lumière [2].

---

[1] *Summ. theol.*, 1ᵃ IIᵃᵉ q. v. a. 3.
[2] Conférez ces diverses propositions. « Neque ex omni parte

Ainsi tout au moins les opinions universellement reçues peuvent avoir quelque mélange de vérité, mais elles ne sont pas intégralement la vérité. Qu'il y ait en elles effectivement un certain mélange de vérité, voilà le fait universel. Tout peut être erreur dans l'esprit humain, excepté l'esprit humain lui-même, *nisi ipse intellectus*. Mais si ce qu'un homme pense n'est pas nécessairement vrai, les géomètres allégueront tant qu'ils voudront la loi des grands nombres, ce que tous les hommes pensent n'est pas nécessairement vrai.

On ne s'efforce de supposer le contraire que par ce besoin, cette faiblesse de notre esprit, qui cherche toujours un signe extérieur de la vérité. Le signe de la vérité est dans la vérité même. C'est une puissance qui ne porte ni sceptre ni couronne, que ne précèdent ni hérauts ni licteurs ;

veræ sunt doctrinæ vulgares, neque omni ex parte falsæ. » *De Ver.*, p. 39. — « Observare licet quo magis altæ et necessariæ fuerint veritates, eo majorem erroris misturam obtinere posse. » p. 52.

reconnaissez-la, comme une déesse, à sa démarche.

Mais ne se pourrait-il pas que l'expérience autorisât à prendre le consentement unanime pour signe de la vérité? En toute matière, certainement non. Par exemple, sur les objets des sciences, que vaut le suffrage universel? Il peut y avoir quelques faits d'observation vulgaire sur lesquels les hommes ne se divisent pas. C'est un besoin que de manger quand on a faim ; si l'on prend l'universalité de cette coutume pour une preuve de cette vérité de physiologie, que des aliments sont nécessaires à l'entretien des corps organisés, on confond ce que la nécessité commande avec ce que révèle la science. Les connaissances humaines, celles, par exemple, de l'algèbre, de l'astronomie, de la mécanique, de la médecine, de la géologie, de l'histoire, de l'archéologie, ne sont pas universelles, quoiqu'il puisse y avoir sur quelques-uns de ces points des opinions ou des pratiques traditionnelles qui méritent l'attention des savants, et qui sont même des faits de la science.

L'introduction du suffrage universel dans la philosophie oblige à assigner la première place aux preuves qui ne sont pas philosophiques. Tandis que Malebranche disait qu'il donnerait toute l'histoire pour ce que pouvait savoir Adam, il faut que le serviteur du suffrage universel consulte les annales du genre humain pour savoir ce qu'il doit penser de Dieu et de l'âme. Ainsi lord Herbert s'était mis dans l'obligation de trouver que toutes les nations avaient en tout temps professé les cinq articles de sa théologie. Après l'avoir dit dans ses divers ouvrages, il en a fait un pour le prouver; mais il semble que, dans son traité de la religion des gentils, l'argumentation pourrait être souvent retournée contre la thèse. Les fables ou les impostures des croyances païennes tiennent plus de place dans ce tableau que les vérités qu'elles masquaient, dit-on; et, sans compter que le tableau est très-incomplet, il ne me paraît pas démontré historiquement que tous les peuples aient en tout temps conservé une foi distincte dans l'unité de Dieu, dans le rapport intime entre la Divinité et la morale, dans la certitude d'une justice céleste qui se déploie au delà de cette vie. Ces idées sont dans le monde, et par conséquent elles viennent de l'esprit humain tel que Dieu l'a fait. Elles ont un fond incontestable de vérité : qui en doute? Elles sont en général une matière dont les religions sont les formes. Cela est exact encore, et la critique est en droit de les rechercher sous l'enveloppe des symboles et des cultes qui souvent les conservent, mais parfois aussi les altèrent. Les religions sont quelquefois un développement heureux, poétique et saisissant des vérités premières. Mais souvent aussi, au lieu de les développer, elles les noient dans d'absurdes ou funestes accessoires, et le métal précieux, réduit à une veine profondément oxydée, reste engagé dans une gangue confuse, d'où un art infini peut seul le faire sortir. Il semble même que les germes de vérité périssent quelquefois dans la terre où ils devaient naître, et la condition des hommes n'est pas si heureuse en ce monde que les vérités les plus simples ne disparaissent jamais du ciel à leurs yeux. Elles sont comme les astres, qui subsistent toujours, mais toutes les nuits ne sont pas étoilées.

Ainsi, quoique ce soit un travail instructif et intéressant que de démêler, dans l'histoire des erreurs humaines, comment la vérité et la science, là ne se sont pas développées, ici se sont égarées, plus loin se sont oblitérées au point de ne laisser que des traces ; bien qu'on puisse tirer de cette comparaison l'indice que la vérité est pour quelque chose dans toutes nos erreurs, c'est une hypothèse gratuite que celle de l'universalité géographique et historique de la connaissance positive de toutes les vérités nécessaires ; c'est une recherche immense et incertaine qu'une revue des croyances humaines, entreprise pour justifier cette hypothèse. Lord Herbert est tombé dans ces deux erreurs, et par là il a, d'une part, introduit dans sa philosophie une conclusion fausse, chose d'autant plus grave que, de cette conclusion il voulait faire un principe, savoir, que l'universalité de certaines notions en entraîne la reconnaissance universelle. D'une autre part, il a fondé en partie sa doctrine des religions révélées sur une preuve de fait qu'il n'a pas suffisamment établie, savoir, que toute religion positive enseigne les cinq dogmes fondamentaux de la théologie naturelle. Celle-ci y perd un peu de sa solidité, et le déisme, un de ses principaux arguments.

De l'examen de l'histoire des religions on pourrait, en effet, extraire deux conséquences directement opposées aux intentions de lord Herbert. Ainsi, c'est une vérité de fait mieux établie que celle du maintien intégral de la foi dans les cinq dogmes de la théologie naturelle, que les hommes ne se sont jamais contentés de cette croyance nue, et qu'il n'y a point eu de nation ni d'époque sans une religion positive, fût-ce une religion sans Dieu, comme le bouddhisme. Voilà un fait historiquement universel, par exemple, et si les faits universels ont la valeur que lord Herbert leur prête, ce besoin d'un symbole et d'un culte moins simples que les siens doit faire regarder l'idée d'une religion positive comme une notion commune, non pas seulement comme une tendance raisonnable ou non de l'humanité, mais comme un principe absolu de vérité et de raison.

Par les principes mêmes de lord Herbert, ce serait donc une vérité en soi que cette proposition : Il y a une religion vraie autre que la religion naturelle. Et l'on conçoit que cet argument, qui n'a pas été négligé par les apologistes chrétiens, pourrait conduire avec quelque apparence à l'existence d'une religion particulière égale en autorité à la religion universelle. C'est un point très-faible du déisme de lord Herbert que de n'avoir pas expliqué ni même observé l'existence si générale des religions particulières.

Une autre conséquence a été tirée des mêmes faits, qu'il ne paraît pas avoir connue. Si une certaine substance de toute religion est enveloppée dans les diverses croyances nationales, comme ces croyances peuvent la dissimuler, la corrompre, la défigurer, il en résulte que la religion naturelle n'a pas en soi la puissance de se maintenir intacte et pure, et qu'il a pu devenir nécessaire que la Providence se vînt en quelque sorte en aide à elle-même, et rendît à la révélation générale sa force et sa pureté par une révélation particulière. C'est là un argument assez solide en faveur de la religion révélée, et il est dérivé de ceux que présentent les sectateurs mêmes de la religion naturelle.

En résumé, de la comparaison entre la religion naturelle et la religion révélée, on a tiré trois conclusions fort différentes. La première et la meilleure, selon nous, est celle-ci : la revue des croyances humaines prouve simplement qu'il y a une philosophie religieuse vraie en dehors même de la révélation, mais dont la vérité ne porte aucun préjudice à la révélation. C'est au fond l'opinion des meilleurs docteurs chrétiens qui, à l'exemple de saint Thomas, reconnaissent, lorsque l'ardeur de la controverse leur en laisse la liberté, que la raison est capable de connaître Dieu. Une autre conclusion plus hardie veut que, l'universalité étant le signe de la vérité, la certitude ne réside que dans la religion du genre humain, qui ne peut être que la religion naturelle, et qui par là comme par sa pureté inaltérable, surpasse et bientôt exclut toute religion particulière. Cette opinion, avec quelque respect qu'elle soit exprimée, quoique mitigée par des restrictions et des exceptions comme elle l'est chez Herbert, classe ses partisans parmi les adversaires du christianisme. Enfin on peut, les faits restant les mêmes, et dans la supposition de la perpétuité de certains dogmes sous les dehors changeants des cultes établis, on peut soutenir que toute vérité venant de Dieu, le fond de toute religion est le fond du christianisme; en sorte que toutes les religions ne seraient que la même révélation diversement modifiée, la même tradition, remise en lumière, restituée, raffermie par la prédication de l'Évangile. Dans cette doctrine, l'universalité est prise pour la vérité, et le christianisme pris pour universel. Lord Herbert a cru se séparer de la révélation en disant que ses cinq articles constituaient les croyances vraiment catholiques; et sans le contredire au moins en apparence, d'autres en concluent que les dogmes chrétiens, comme restauration des dogmes naturels, sont ainsi qu'eux universels ou catholiques. En tant qu'il est religieux, le monde est chrétien. Il l'était avant de le savoir, il le sait depuis le Christ : voilà toute la différence.

Cette dernière opinion, qui pourra sembler ingénieusement hasardée, est encore une objection contre la thèse de lord Herbert. Elle n'avait pas de son temps été développée aussi hardiment qu'elle l'est de nos jours ; elle n'était pourtant pas inconnue, et elle aurait dû le rendre moins confiant dans les affirmations qui lui servaient à édifier le déisme et dont elle se sert pour le renverser.

En définitive, si l'on regarde, avec de sages critiques, Herbert, en Angleterre, comme le plus éminent des écrivains déistes, on doit, tout en rendant justice à la vérité de ses principes de métaphysique, à sa sincérité, à sa modération, à la moralité de ses intentions, à la réalité de sa piété, reconnaître que sa doctrine religieuse donne ouverture à quatre objections : 1° Il a établi un principe hypothétique et gratuit sur l'autorité du consentement général. 2° Il n'a pas justifié par la preuve de fait la vérité de ce principe. 3° Il n'a pas tenu compte et il n'a pas rendu raison de la nécessité ou du penchant qui porte constamment l'esprit humain vers les religions positives. 4° Ce qu'il a établi, touchant celles-ci, peut, contre sa pensée, autoriser à conclure soit que les notions universelles étaient tellement mélangées d'erreur qu'il y avait nécessité de les redresser ou de les remplacer par une révélation spéciale, soit qu'elles étaient au fond tellement remplies de vérité qu'elles préparaient et exigeaient une révélation qui les confirmât en les ramenant à leur essence, et assurât leur pouvoir et leur durée.

Nous insistons en ce moment sur ce qu'on est convenu d'appeler la théologie naturelle, puisque nous la rencontrons pour la première fois avouée et développée. On le sait, ce n'est pas en Angleterre qu'elle a trouvé les moins purs, les moins sincères, les moins importants de ses promoteurs. Elle y a été presque toujours honorée, et par ceux-là même qui ne s'en contentaient pas. La droiture du sens anglais ne s'accommodait guère de cette subtile témérité qui ôte à la raison pour donner à la foi, et semble regarder comme utile à la révélation que l'athéisme soit vrai en dehors d'elle. C'est en général l'esprit des théologiens et des plus orthodoxes de la Grande-Bretagne, que de donner pour introduction le théisme au christianisme, et de soutenir qu'il y a concordance et mutuel support entre toutes les croyances qui élèvent et rassurent l'humanité. Peut-être en résulte-t-il que le christianisme ne semble plus à quelques-uns que le vêtement et la parure de la foi rationnelle, et que des fidèles, même prêtres et docteurs, ne sont à leur insu que des philosophes qui parlent en chrétiens. Mais une modération conciliante ne diminue pas dans l'ensemble l'empire de la religion sur les âmes, et n'empêche point un peuple qui tolère un peu d'inconséquence mêlée à beaucoup de sincérité, un peu de bienséance avec beaucoup de conviction, d'être, si l'on ne veut pas dire le plus religieux, le moins irréligieux des peuples. C'est avec respect et ménagement que ce côté de l'état spirituel de l'Angleterre doit être abordé ; mais il y aurait faute à le négliger et faiblesse à s'en taire.

Un des premiers livres au titre duquel se lise cette dénomination de religion ou de théologie naturelle qui nous est venue de l'antiquité par saint Augustin, est le livre de Raimond de Sebonde, rendu célèbre par l'apologie que Montaigne en a faite[1]. Sa *Theologia naturalis* y a gagné un certain renom de scepticisme. Mais ni l'ouvrage ni le panégyrique, lus sans prévention, ne méritent cette réputation suspecte. C'est très-loyalement que Montaigne soutient l'avis de son père, qui regardait un livre où la foi était enseignée par la raison comme un excellent préservatif contre les déréglements que pouvait produire la licence d'esprit excitée par les controverses de la Réformation; et c'était de meilleure foi encore que, dans la première moitié du quinzième siècle, le médecin espagnol avait enseigné que Dieu a écrit son nom et sa loi dans deux livres, l'Écriture

---

[1] Ou plutôt Reymond Sebon, Espagnol, fleurissait, en 1436. — *La Théologie naturelle traduite par messire Michel, seigneur de Montaigne.* Paris, 1581.

sainte et la nature, et qu'il était avantageux et chrétien de déchiffrer les caractères gravés dans le second de ces livres pour montrer qu'ils s'accordaient pour le sens avec la lettre du texte inspiré.

Est-ce donc là, en effet, une pensée téméraire? On lui trouverait des antécédents dans la littérature sacrée; et pour commencer par le docteur qui remplit de sa renommée tout le moyen âge, saint Thomas n'a-t-il pas toujours admis une distinction entre les vérités religieuses de la philosophie et celles de la foi? n'a-t-il pas fait constante profession d'établir distinctement les premières avant les secondes, et n'a-t-il pas écrit tout exprès un ouvrage[1], pour exposer principa-

---

[1] *Summa contra gentiles.* « Quod divina naturaliter cognita convenienter hominibus credenda proponuntur. L. I c. IV. — Ad primam veritatis manifestationem per rationes demonstrativas... procedendum est... Tales rationes ad secundam veritatem haberi non possunt... Nitemur ad manifestationem illius veritatis quam fides profitetur et ratio investigat, inducendo rationes demonstrativas et probabiles. — Ad illius veritatis manifestationem procedemus quæ rationem excedit..., ra-

lement *divina naturaliter cognita*, pour donner aux gentils, aux païens, aux mahométans, aux errants de toute sorte, les raisons démonstratives, applicables aux seules vérités conformes à la raison ensemble et à la foi, et les raisons probables qui conviennent aux enseignements mis par la foi au-dessus de la raison. De la *Somme contre les gentils*, publiée aussi avec le titre de *Summa philosophica*, par opposition à la *Somme théologique*, il serait facile d'extraire une théologie naturelle, ou un traité concernant tous les points sur lesquels *il est nécessaire de recourir à la raison naturelle*[1]. La distinction entre la science naturelle et la science révélée comme entre la raison et la foi, est donc ancienne et autorisée, et le dessein de

tionibus probabilibus et auctoritatibus... veritatem fidei declarantes. » *Ibid.*, c. ix. Cf. *Summ. theol.* I, q. I, a. 1.

[1] Voyez l'édition non suspecte donnée par MM. Roux-Lavergne, d'Ysalguier et Garnier-Durand de la *Summa philosophica* (Nîmes, 1853). On y lit ces mots : « In ea Summa philosophica non eadem arte qua in Summa theologica procedit. » Préf. des édit., p. 17. — « Necesse est ad naturalem rationem recurrere. Ead. Summ., l. I, c. ii.

Raimond de Sebonde n'avait rien d'insolite et de condamnable.

Il est cependant vrai que la considération attentive de la partie rationnelle de tout dogmatisme religieux peut porter l'esprit à s'attacher au dire des philosophes de préférence au dire des théologiens, et à trouver suffisant ou supérieur ce que la science enseigne par comparaison avec ce que la foi révèle. La méthode de l'une étant, de l'aveu de saint Thomas, différente de celle de l'autre, comme les méthodes du mathématicien le sont des procédés d'expérience du naturaliste, l'esprit s'habitue et s'affectionne à la première, et rien n'est plus difficile que de changer de méthode, surtout quand celle dont on a fait usage affecte les caractères d'une méthode démonstrative. L'esprit humain n'a que trop de pente à se rendre exclusif. Et c'est ainsi que le théisme devient souvent déisme, et que l'attrait de la philosophie rationnelle enfante ce qu'on appelle aujourd'hui distinctivement l'esprit rationaliste.

On doit donc avouer qu'une étude excessive des enseignements philosophiques touchant la religion, qu'un commerce habituel avec ces incomparables esprits qui, dans l'antiquité méditaient librement sur la nature et Dieu, peut engendrer le rationalisme, comme une attache excessive aux lettres sacrées peut produire l'extrême opposé que Platon appelait la misologie. Pour éviter ces excès, des érudits orthodoxes, et longtemps avant Herbert, se sont appliqués à réconcilier, même par l'histoire, la philosophie et la religion. Au quinzième siècle, après Raimond de Sebonde, un Italien, Augustin Stencho, qui du nom de la ville où il était né, a été souvent appelé *Engubinus*[1], qui fut évêque dans l'île de Candie et préfet de la bibliothèque du Vatican, dédia au pape Paul III un livre destiné à prouver que la sagesse et la piété viennent de la même source, et que tous les philosophes se sont accordés sur la religion véri-

[1] De Gubbio dans l'Ombrie. Stencho, né en 1696, est mort en 1549. Suivant Trithème, Raimond de Sebonde est mort en 1432.

table. Son traité *de Perenni Philosophia* établit avec une érudition qui n'est pas méprisable, par des rapprochements tantôt justes, tantôt forcés, que les religions de l'antiquité contenaient un fond de vérité chrétienne, et que la théologie des anciens sages était un christianisme tacite[1]. Cet ouvrage, digne d'être lu, est comme un premier essai de la doctrine que le père Thomassin de l'Oratoire a depuis développée avec une érudition plus éclairée et une intelligence plus bienveillante encore des systèmes philosophiques[2]. C'est là une autre manière de concilier, en les distinguant toujours, la théologie naturelle et la théologie révélée. Je conviens qu'à son

---

[1] *Augustini Stenchii, Engubini, episcopi Kisami, tomi III, de Perenni Philosophia* (Paris, 1577). Le livre X, le dernier, a pour titre cette conclusion de tout l'ouvrage : « In religionem veram cunctos philosophos consensisse, pietatem, philosophiamque christianam omnes tacite collaudasse. » La première édition est de Lyon 1540.

[2] *Dogmata theologica*. M. Lescœur en a donné une analyse très-intéressante dans l'ouvrage intitulé : *la Théodicée chrétienne, d'après les Pères de l'Église*. Paris, 1852.

tour ce nouveau point de vue a quelques périls pour la foi. On peut être conduit par le besoin de l'unité et de la perpétuité à supposer entre les croyances et les théories religieuses des anciens et des modernes une analogie si voisine de l'identité, que l'on affaiblisse notablement la valeur de la rédemption, et qu'en vérité la révélation par l'incarnation n'ait plus d'objet. Du moins arrive-t-il que les dogmes d'origine diverse, scrutés exclusivement dans leur esprit, pour être amenés à une pensée commune, deviennent chacun le pur symbole de quelque idée morale. Tout ce qui est mystère ou miracle est atténué pour faire place à la contemplation de la pure vérité spirituelle. Les événements de l'histoire profane acquièrent le même sens et le même caractère que ceux de l'histoire sainte, et la révélation, en se disséminant dans tous les points du temps et du monde, cesse, pour devenir universelle, d'être une révélation proprement dite. Il n'y a plus rien que création et providence. Quelque simple, quelque plausible, quelque séduisante même que soit cette manière de considérer les rapports de Dieu et de l'humanité, il faut reconnaître qu'elle tend à tout confondre et qu'il devient avec elle tout à fait indifférent d'être philosophe ou d'être chrétien, car c'est au fond croire la même chose. On aurait assurément surpris saint Augustin, saint Thomas et Bossuet, si on leur eût montré à quel excès ce système est poussé de nos jours par les apologistes de la foi les moins conciliants et les plus zélés. Il y a dans toute extrémité un tel vice de raison que l'extrême intolérance a fini par épouser une théorie qui conduit légitimement à l'extrême indifférence. C'est un écrivain du premier ordre, un argumentateur très-vigoureux, un esprit éminent en toute chose excepté en jugement, un des hommes dont les facultés élevées et pénétrantes étaient le moins faites pour la raison et la justice, qui a le plus puissamment entraîné dans ces excès une partie des docteurs catholiques;

puis, après les avoir égarés dans cette forêt, il les a quités pour en aller fourvoyer d'autres dans les sentiers d'autres abîmes. Mais l'empreinte de la main de M. de la Mennais est restée marquée sur les doctrines de l'Église contemporaine.

Cette digression sert à montrer comment s'est formée cette philosophie religieuse, destinée à jouer un rôle tantôt éclatant, tantôt secret, dans la science et la créance humaine. Tandis qu'elle se produisait sans hostilité, sans violence, au sein même des écoles orthodoxes, soit dans le sens de Raimond de Sebonde, soit dans le sens d'Engubinus, un temps approchait où la liberté de penser, qui prenait en Italie toutes les formes, celle d'une indifférence épicurienne, celle d'un scepticisme lettré, celle même du matérialisme et de l'athéisme chez les adeptes de l'école de Padoue, y devait enfanter cette doctrine unitairienne qui, en attaquant la divinité du Christ, supprimait peut-être la plus grande différence qui sépare le christianisme de la philosophie. On sait les progrès que, parti de Vicence, fit le socinianisme en Allemagne, et surtout en Pologne, vers le milieu du seizième siècle. Ochin, Servet, Crellius laissent douter s'ils étaient des ariens véritables ou de purs philosophes. La Réforme, qui résistait à cette licence jusqu'à la persécution, l'avait encouragée cependant, en provoquant des controverses qu'elle était impuissante à limiter. Le goût et l'admiration de l'antiquité enhardissaient l'esprit humain à se confier en lui-même. Lorsqu'il voyait que, seul et sans appui miraculeux, il avait rencontré le beau, devait-il croire qu'il eût manqué le vrai? Aussi, un lieutenant de Calvin, Viret, écrivait-il vers 1560 : « Il y en a plusieurs qui confessent bien qu'ils croient qu'il y a quelque Dieu et quelque Divinité, comme les Turcs et les Juifs ; mais, quant à Jésus-Christ et tout ce que la doctrine des évangélistes et des apôtres en témoigne, ils tiennent tout cela pour fables et rêveries... J'ai entendu dire qu'il y en a de cette bande qui s'appellent déistes, d'un mot tout nouveau, lequel ils veulent opposer à athéiste[1]. » La France avait accueilli sous d'autres formes ces libres opinions qui, souvent flottantes, comportent des nuances variées. Elles étaient avouées dans Jean Bodin; elles se montraient dans Charron, en se démentant quelquefois. Montaigne y poussait sans les avoir. Elles semblaient la seule conclusion sensée à tirer des satires folâtres de Rabelais, et qui

---

[1] Viret, *Instruct. chrét.* Épit. déd. du t. II, ed. de 1563. On y lit aussi : « Ces déistes.... se moquent de toute religion, nonobstant qu'ils s'accommodent, quant à l'apparence extérieure, à la religion de ceux avec lesquels il leur faut vivre. Il y en a, les uns qui ont quelque opinion de l'immortalité des âmes ; les autres en jugent comme les épicuriens et pareillement de la providence de Dieu envers les hommes... L'horreur me redouble encore davantage, quand je considère que plusieurs de ceux qui font profession des bonnes lettres et de la philosophie humaine, et qui sont même souventes fois estimés des plus savants... sont non-seulement infectés de cet exécrable athéisme, mais aussi en font profession et en tiennent école... Parmi ces différends qui sont aujourd'hui en la matière de religion, plusieurs abusent grandement de la liberté qui leur est donnée de suivre des deux religions qui sont en différent, ou l'une ou l'autre. Car il y en a plusieurs qui se dispensend de toutes les deux, et qui vivent du tout sans religion. »

sait si elles ne se cachaient pas sous l'impartialité politique et sous la raison haute et calme d'un Lhospital ? On ne voit pas qu'en Angleterre elles se soient produites de bonne heure par des écrits sérieux. La liberté de penser y prit de bonne heure la forme de la liberté de croire. L'esprit de secte absorba presque toutes les opinions indépendantes, et la Réforme anglicane eut assez à faire contre le catholicisme, les diverses sortes de presbytérianisme et de puritanisme eurent assez à faire contre la Réforme anglicane, pour qu'il restât peu de place à la pure philosophie en matière religieuse. D'ailleurs, parmi les opinions évangéliques, une certaine doctrine n'était pas fort rare, quoique mal vue et souvent persécutée, laquelle allait à la négation de toute divinité dans le Christ et de tout miracle dans l'incarnation. Ce christianisme ainsi simplifié avait été introduit par des fugitifs italiens ou polonais, et le socinianisme à ses divers degrés pouvait s'établir dans certaines intelligences comme un déisme occulte qui suffisait aux plus téméraires. Cependant il était impossible que parmi les gens de lettres, les poëtes, même les hommes de cour et les hommes d'État, le spectacle des passions et des travers qui se manifestent dans les temps de dissensions religieuses, n'eût pas engendré soit l'indifférence, soit le dédain, soit même l'aversion pour des croyances tant controversées, et le soupçon d'incrédulité atteignait aisément ceux qui tentaient de s'élever au-dessus des sectes et de tenir pour seules vraies les doctrines les plus pacifiques. L'impartialité était facilement taxée d'athéisme, et le docte Jacques Ier, quand les fumées de l'ivresse lui laissaient la liberté de raisonner théologie, se montrait prompt à traiter de blasphème la moindre dissidence. La prétention était aussi ridicule que tyrannique. Cependant, après les cruautés contraires de Henri VIII et de Marie, après même les sévérités d'Élisabeth et les variations législatives de la créance dominante, la prudence et la raison d'État devaient, sans rétablir partout la foi sincère, imposer une grande réserve à l'hétérodoxie ou à l'indifférence. Des mondains, soit par esprit de gouvernement, soit par esprit de conduite, soit par égard pour l'opinion, devaient s'imposer le respect ou le silence à l'égard des croyances nationales. La politique limitait la liberté de penser et peut-être même retenait beaucoup d'esprits sur la pente de l'incrédulité. C'est le gouvernement qui, en Angleterre, avait entrepris la réforme, et l'épiscopat y était devenu positivement la religion de l'État. Les politiques sérieux et les politiques courtisans eurent donc d'excellentes raisons pour modérer leurs arguments ou leurs expressions, et pour ménager tout au moins ce qu'il était de leur devoir ou de leur intérêt de soutenir. On fut pour la religion comme pour la monarchie. L'opposition, c'est-à-dire le catholicisme ou le puritanisme, presque également persécutés, n'étaient point par situation ou par nature des sources d'indifférence ou d'incrédulité. Rien donc ne poussa les esprits vers la franche profession d'un scepticisme critique ou d'un théisme exclusif. Nul doute cependant que la violence et la vanité des controverses, l'horreur du fanatisme et du faux zèle, la crainte des sectes, des persécutions, des réactions, n'aient dû secrètement propager chez les esprits élevés ou moqueurs, modérés ou dédaigneux, une secrète liberté de penser que l'on réservait pour le for intérieur ou la conversation intime, et qui se trahissait souvent dans la manière de se conduire.

Herbert a pu être le premier homme de cour qui ait dit tout ce qu'il en pensait, mais il n'est sans doute par le premier qui l'ait pensé. Malgré l'orthodoxie officielle d'Élisabeth, l'aversion méprisante qu'elle affectait pour la ferveur puritaine encourageait autour d'elle le dédain du zèle religieux et de l'enthousiasme biblique. Il n'y eut bientôt plus qu'un pas à faire pour prendre en indifférence tout ce que est foi et piété.

Aussi lord Burleigh disait-il : « On voit bien que la maison de la reine n'est comprise dans aucune paroisse; c'est un lieu hors la loi qui sert d'abri à nombre de disciples d'Épicure et d'athées. » Du moins la liberté des opinions et des entretiens y régnait-elle. Burleigh, qui fut par moments un courtisan accompli, en est un exemple, et les critiques ont remarqué combien Shakspeare paraît étranger au sentiment religieux, le seul peut-être que n'ait point retracé le peintre universel de la nature humaine. Je soupçonne que l'indifférence était fort répandue à la cour d'Élisabeth. La bigoterie scolastique de Jacques Ier contraignit à un redoublement de retenue, et retarda cette émancipation des beaux esprits qui s'est appelée ailleurs le libertinage. Nous trouvons dans les ouvrages de Bacon qui, sans hypocrisie mais sans ferveur, observa comme une loi la religion nationale, toutes ces idées de tolérance, de liberté intellectuelle, cette haine de la superstition et même de l'autorité spirituelle, qui touchent de si près à la liberté de penser en matière religieuse ; et quand lord Herbert résolut d'en élever le drapeau, il fut plus conséquent et plus hardi que les sceptiques du monde où il vivait, mais il n'eut probablement d'original que ses raisons et de neuf que sa franchise. Quoiqu'il n'ait nullement affecté de suivre Bacon, il semble qu'il se soit quelquefois proposé de reprendre les choses au point où Bacon les avait laissées, ou de repasser par les mêmes sentiers que lui, mais pour y marquer de tout autres traces. Ainsi Bacon avait dit qu'il y aurait sur Dieu et sur l'âme beaucoup plus à savoir et à dire par la pure théologie naturelle qu'on ne l'avait fait encore; mais il s'était prudemment abstenu d'en faire l'essai, se réfugiant sous la protection de la religion révélée. Ce que Bacon n'a pas voulu faire, lord Herbert semble s'être proposé de l'accomplir. Bacon a défini avec soin la lumière naturelle, et il a parlé d'elle comme d'un *instinct;* mais loin d'examiner jusqu'où portaient les rayons de cette lumière, jusqu'où pouvait conduire cet instinct, il a conseillé d'éclairer la société d'un autre flambeau, et de demander à l'inspiration ce qu'on aurait pu arracher à la raison. Il a conjecturé qu'une sagesse véritable et divine s'était cachée jusque dans les croyances mythologiques, et que les anciens avaient, sous ce voile, connu une philosophie supérieure à celle des modernes. Mais son traité *De Sapientia veterum* n'est que le développement ingénieux d'un symbolisme arbitraire, et le même sujet, traité plus sérieusement par lord Herbert dans le *De Religione gentilium*, est devenu l'argumentation historique d'un système dont Bacon aurait frémi d'encourir la responsabilité. Herbert avait donc, sous quelques rapports, plus que Bacon l'esprit d'entreprise et l'esprit de système, signes du réformateur philosophique. Il n'a tenu à rien qu'il ne devînt chef d'école. Une vie moins agitée ou moins mondaine, un enseignement à donner ou des disciples à conduire, une nature plus sympathique et plus bienveillante, un peu de talent pour la parole ou plus d'art d'écrire, plus d'opportunité dans la publication de ses ouvrages imprimés la veille d'une révolution politique, voilà les circonstances dont quelques-unes auraient suffi pour donner à la philosophie de lord Herbert plus de retentissement et d'influence.

Il ne faut pas croire cependant qu'elle ait passé tout à fait inaperçue. Nous avons vu avec quelle attention flatteuse Gassendi accueillit le *Traité de la vérité*, lorsque Diodati le lui remit de la part de l'auteur ; et les œuvres volumineuses du philosophe français contiennent un fragment assez long d'une lettre où il fait au successeur de *Verulamius*, avec beaucoup de compliments, l'honneur d'une réfutation. Comme on peut l'attendre de Gassendi, il se place au point de vue de l'empirisme et du christianisme tout ensemble. Gassendi est, comme on le sait, un péripatéticien qui interprète Aristote du côté de la philosophie des sensations, qui complète sa physique par celle d'Épicure, et qui s'en absout par une profession d'orthodoxie chrétienne. Il est, comme disait Coleridge, *inter epicureos evangelizantes*[1]. Rien ne disposait moins à bien traiter Herbert. Contre sa définition de la vérité, Gassendi en défend une qui vient des scolastiques, savoir : « l'accord de l'intellect connaissant avec la chose connue [2] », et le but même de l'ouvrage est présenté comme une chimère. Gassendi ne paraît pas avoir aperçu l'originalité ni la grandeur de la doctrine. Il n'y voit qu'une nouvelle tentative de pénétrer la nature des choses ; et il objecte, avec toute son école, qu'il suffit à nos besoins de connaître les qualités des choses, et que ja-

[1] Ad librum D. Edoardi Herberti Angli *De Veritate* Epist. (Ecrite en 1634, et revue en 1641). P. Gassendi, in *Opuscul.*, *philos.* in *Op. omn.*, t. III, p. 411. — Lyon, 6. vol. in-f°, 1658.

[2] « Intellectus cognoscentis cum re cognita congruentia. » Cette définition ne diffère pas en effet notablement de celle de saint Thomas, que nous avons donnée, ni de l'interprétation scolastique des passages de la *Métaphysique* d'Aristote sur le vrai et le faux.

mais notre science n'a dépassé cette limite. La béatitude éternelle elle-même, Dieu n'a pas voulu qu'elle nous fût connue autrement que par révélation. Après une défense des catégories du péripatétisme contre les dix questions de lord Herbert, Gassendi, qui ne voit dans son instinct naturel que ce que l'école appelait déjà l'intelligence des principes[1], le défie de discerner avec une précision définitive les notions communes des autres notions, et refuse de compter parmi elles Dieu et l'immortalité de l'âme. Ne sont-ce pas en effet des points dont la raison dispute, abandonnée à ses propres forces? Y a-t-il en physique un principe, y a-t-il en éthique une maxime qui ne soit contestée? La morale est-elle invariable? Si lord Herbert n'avait été élevé parmi des chrétiens, rien de ce qu'il pense ne lui serait venu à l'esprit. La dissidence est partout avec la diversité. Les sens mêmes n'ont point de règles. A quel

---

[1] « Intellectus principiorum dicitur esse habitus naturalis. » *Summ. theol.* I° II°°, q. LI, a. 1.

degré une chose commence-t-elle à être grande? Est-ce quand elle se voit de dix, de cent, de mille, de dix mille pas? Gassendi s'arrête en chemin. Les feuillets, dit-il, de sa lettre sont égarés; et il n'a pas terminé un examen dont ce fragment à lui seul porte tous les caractères de sa philosophie. Ses objections ne nous retiendront pas; elles rentrent dans une doctrine trop souvent discutée, et elles pourraient être réunies à celles que, plus de quarante ans après, Locke adressait au même adversaire. Dans sa guerre contre les idées innées, Locke rencontrait nécessairement lord Herbert sur son chemin, et informé, dit-il, qu'un homme de si grands talents[1] avait donné, dans son livre *De Veritate,* la liste des principes pratiques qui sont innés, il trouva en effet les cinq articles de foi avec les six caractères qui doivent attester leur universalité. Sans beaucoup s'arrêter à ceux-ci, dont la valeur était pour lui plus que

[1] A man of so great parts. — *Essay on the hum. underst.,* l. I, ch. ii, p. 15.

problématique, il soutient qu'il y a peut-être cent autres propositions qui méritent autant que les cinq dogmes le titre de notions communes, et qu'il est par exemple impossible de reconnaître les traits qui caractérisent ces derniers, savoir : la priorité, l'indépendance, l'universalité, la manifestation immédiate, aux idées de la vertu considérée comme l'essentiel du culte, de l'expiation par le repentir et de la rétribution après la mort. La définition des vertus et des péchés n'est pas faite, encore moins est-elle gravée par la nature dans les âmes. Des principes primordiaux tels que ceux que l'on suppose ne pourraient être ni altérés ni effacés ; or, le désaccord qui s'observe dans le monde précisément sur l'objet des cinq dogmes montre assez combien ils sont loin d'être incontestables et invariables. Enfin les hommes ont à recevoir pour principes des contes de vieille femme une facilité qui ne permet guère d'attribuer à leur raison un infaillible instinct.

Ce que ces critiques offrent de plausible s'applique surtout à l'exagération avec laquelle lord Herbert a célébré l'évidence reconnue et la constante autorité de ses cinq articles. Il ne croyait pas pouvoir se passer d'un symbole fixe pour l'opposer aux confessions de foi ; il voulait un *Credo* à la philosophie. En outrant une idée juste, celle de l'identité et de l'autorité de la raison humaine, il s'est exposé à des critiques assez fortes, mais qui ne portent pas atteinte à la vérité générale du point de vue où il s'est placé.

« J'ai pris le temps, écrit Descartes au père Mersenne[1], de lire le livre que vous m'avez fait la faveur de m'envoyer. Et, pour ce que vous m'en avez demandé mon sentiment, et qu'il traite d'un sujet auquel j'ai travaillé toute ma vie, je pense vous en devoir ici écrire. J'y trouve plusieurs choses fort bonnes, *sed non publici saporis ;* car

---

[1] Cette partie importante et nouvelle de la lettre de Descartes au père Mersenne du 16 octobre 1639 est due à M. Cousin, t. VIII, p. 168.

il y a peu de personnes qui soient capables d'entendre la métaphysique. » Descartes se livre ensuite à un examen de l'ouvrage, fort étendu de la part d'un homme si négligent des livres des autres, et quoi qu'il dise que, *pour le général*, *l'auteur tient un chemin fort différent de celui qu'il a suivi*, ses observations ne sont pas des objections, et attestent un accord général et une approbation franche qui va jusqu'à *ce qui est de la religion*. Descartes trouve dans l'ouvrage *plusieurs maximes* qui lui semblent *si pieuses et si conformes au sens commun qu'il souhaite qu'elles puissent être approuvées par la théologie orthodoxe;* enfin il conclut en disant qu'il *estime* l'auteur *beaucoup au-dessus des esprits ordinaires*. Pour qui connaît Descartes, cette lettre s'écarte fort de sa réserve accoutumée à louer autrui et à découvrir ses intimes sentiments. On en pourrait tirer plus d'une induction qui jetterait du jour sur Descartes lui-même et sur le fond soigneusement caché de ses idées. Mais nous n'y voulons voir que la confirmation de notre opinion sur le sens philosophique de la doctrine de lord Herbert. La vérité cherchée dans la conscience (for interieur), dans la raison (instinct naturel), dans une description méthodique de nos moyens de connaître et de nos connaissances nécessaires, tout cela n'aboutissant ni au scepticisme, ni à l'idéalisme, tout cela présenté sous une forme analytique et avec l'essai d'une rigueur et d'une précision scientifique, signale et constitue une philosophie de la bonne école, et l'on pouvait, même avant Descartes, apprendre de lord Herbert quelque chose de ce que Descartes a enseigné au genre humain.

C'est là ce qui nous touche éminemment dans l'œuvre de lord Herbert. L'application qu'il a faite de sa philosophie à la question de l'autorité de la révélation est en dehors de nos études. Cependant il y aurait de la timidité à passer sous silence l'influence que son exemple a exercée en Angleterre sur la manière de considérer les rapports de la religion naturelle avec le christianisme. La netteté et la franchise avec lesquelles il a soutenu les droits exclusifs de la première à l'absolue certitude, n'ont pas été toujours imitées ; mais elles ont cependant donné courage à cette doctrine du déisme britannique qu'un siècle après lui admirait encore Voltaire.

On cite ordinairement comme le continuateur ou l'élève de Herbert, Charles Blount[1], qui, né après sa mort, a beaucoup puisé dans ses ouvrages. C'était un publiciste qui, après avoir composé à l'époque de la révolution de 1688 un écrit estimé en faveur de la liberté de la presse, se hasarda à dire dans un autre écrit, brûlé par ordre de la Chambre des communes, que Guillaume et Marie étaient montés sur le trône par droit de conquête. Il avait d'abord essayé de la théologie sans être plus heureux. Condamné tantôt par l'évêque de Londres, tantôt par l'archevêque de

---

[1] Né en 1654, mort en 1698.

Cantorbéry, qui ne put tolérer une publication où il réclamait en sa faveur le droit pour un beau-frère d'épouser sa belle-sœur, il se tua de désespoir, suicide romanesque dont les exemples sont rares dans l'histoire des philosophes. Celui-ci (doit-on lui donner ce nom ?) a laissé un traité de *l'Ame du monde* [1] où se retrouvent toutes les idées du *De Religione gentilium*, une *Religio laici*, qui n'est guère qu'une traduction de celle de lord Herbert, enfin un traité critique, *la Grande Diane des Éphésiens*, où, recherchant l'origine de l'idolâtrie, il paraît avoir en vue toute religion qui n'est point purement abstraite. Après lui, un poëte dramatique, Charles Gildon, tira de ses manuscrits un livre intitulé : *les Oracles de la raison*. Dans tous ces écrits, l'existence de Dieu et de l'âme paraît respectée ; mais le pur déisme y respire. On dit cependant que Gildon se rétracta dans un dernier ouvrage imprimé en 1705[2].

---

[1] *Anima mundi*. Lond., 1678.
[2] *The Deist's Manual*. L'auteur, né en 1665, mourut en 1724.

C'est ici l'occasion de remarquer une singularité qui est presque une contradiction, et qui cependant n'est pas rare. Herbert est du même parti que Platon et Descartes. Ses principes généraux sont donc plus favorables au spiritualisme religieux que ceux de toute doctrine exclusivement fondée sur nos connaissances expérimentales et qui dérive tout de la sensation. Cependant Gassendi et Locke se sont montrés beaucoup plus réservés, beaucoup plus déférents, pour n'en pas dire davantage, que lord Herbert, envers la révélation; et leurs doctrines ont été peut-être moins attaquées que les siennes par les théologiens. Bien plus, on est allé jusqu'à prétendre que c'était Herbert que réfutait Locke dans son *Christianisme raisonnable*[1]. Qui ne sait au reste combien Descartes trouva d'ennemis acharnés dans une partie de l'Église, et la résistance, disons mieux, la persécution, que les jésuites opposèrent à ses

---

[1] Tabaraud, *Histoire critique du philosophisme anglais*, t. I.

disciples au nom d'un péripatétisme assez équivoque touchant la distinction du corps et de l'esprit? De nos jours la même haine a souvent conduit au même aveuglement. Mais quoique les libertés prises par lord Herbert à l'égard de l'Église autorisassent certaines représailles, on ne peut voir sans surprise jusqu'où fut portée contre lui la violence de quelques attaques. Le plus intolérant de ses adversaires en ce genre est un controversiste protestant qui enseignait la théologie à Kiel. Christian Kortholt, un peu de temps après la mort de Herbert, publia un factum très-vif contre lui sous le titre significatif de : *De Tribus impostoribus* [1].

[1] Christian Kortholt, né à Burg, Holstein, en 1633 et père de celui qui fut un des correspondants de Leibniz, fit paraître à Kiel, en 1680, l'ouvrage dont j'ai eu sous les yeux la seconde édition publiée par son fils à Hambourg, en 1700, sous ce titre : *De Tribus impostoribus magnis liber*, mots suivis dans la première édition de ceux-ci : *Edoardo Herbert, Thomæ Hobbes et Benedicto Spinosæ oppositus*. L'éditeur justifie le titre contre la censure de Baillet, en rappelant qu'on s'en est déjà servi comme d'un moyen d'attaque, et il cite : *Vincentii Penurgi Epistola de Trib. impost. ad cl. vir. J. B. Morinum, D. M.* Paris, 1654.

On sait quel bruit avait fait, au moyen âge, ce livre mystérieux où, disait-on, Jésus-Christ, Moïse et Mahomet étaient rapprochés par le blasphème et dénoncés, sous l'inspiration d'un empereur, à la haine et à l'incrédulité du genre humain. Kortholt, rétorquant contre l'impiété son titre favori, imagina de signaler dans un pamphlet théologique les trois imposteurs de son temps, et parmi eux, il classe Herbert, *le prince des naturalistes du siècle*[1], qu'il met sur la même ligne que Hobbes et Spinosa. Il est difficile de l'appareiller plus mal. Le fervent défenseur de la providence divine, de la liberté humaine n'a rien de commun avec le spinozisme, et l'adorateur de la divinité des vérités premières est l'antagoniste

---

C'était, à ce qu'il paraît, un écrit dirigé contre Gassendi, et Bernier. Le premier *De Tribus impostoribus* dont on ait parlé, peut-être avant qu'il n'existât, après avoir passé pour être de l'empereur Frédéric II (avant 1250), a été imputé au Pogge, à l'Aretin, à Ochin ; et l'on ne sait encore s'il a jamais existé autrement que par quelque supercherie littéraire.

[1] « Naturalistarum ævi nostri princeps. »

direct de l'aveugle et puissant ennemi de toute conviction désintéressée et de toute idée absolue en matière de religion et de morale. C'est calomnier la doctrine de lord Herbert que de la confondre avec celles qui nient tout ce qu'elle affirme. On a remarqué que, le premier peut-être, Herbert a comparé la nature à une horloge qui ne peut s'être faite elle-même[1]. Lorsque Kortholt lui reproche des principes qui ruinent la révélation ou la rendent sans objet, et dit que ses doutes critiques sur l'Écriture tendent à en mutiler la doctrine et à en détruire l'autorité, que par ses préférences pour ce qui est universel et antique, il renouvelle les attaques de Celse contre le christianisme qui était après tout *une nouvelle doctrine*[2], nous ne pouvons, sauf les expressions, trouver beaucoup à redire à ces objections de l'orthodoxie. Mais c'est passer de l'orthodoxie au fanatisme que d'appeler la religion de lord Herbert un pur na-

[1] *De Relig. gent.* c. vIII, p. 115.
[2] Καινὴ διδαχή. *Act.*, XVII, 19.

turalisme, et celui-ci un véritable athéisme, parce que saint Paul a dit que ceux qui étaient séparés du Christ étaient sans Dieu en ce monde. Le ton injurieux de Kortholt suffirait pour décrier sa polémique[1].

Telles n'étaient pas les critiques que dirigèrent contre les doctrines de lord Herbert, Culverwel, Baxter, Whitby, et même Halyburton. Les deux premiers, qui le suivirent de très-près, furent plutôt pour lui des rivaux que des censeurs, quoique séparés de lui par de sérieuses dissidences, et leurs écrits seraient assez importants pour mériter par eux-mêmes un examen spécial. Le dernier est venu après la fin du dix-septième siècle, et, plus tard encore, nous trouverons un critique moderne, John Leland. Ce ministre presbytérien, qui a com-

---

[1] Dans un Appendix au *De Tribus impostoribus*, Kortholt attaque Cardan et Herbert pour avoir contesté que l'homme fût un animal. Toute la faute du second est d'avoir dit que le fœtus n'a que la vie végétative, et ailleurs que l'âme sensitive étant commune aux bêtes et à l'homme ne peut être l'essence de celui-ci. Cette dissertation est sans importance.

battu avec force et modération l'incrédulité du dix-huitième siècle dans un ouvrage intéressant, a passé en revue tous les écrivains déistes de son pays [1]. Là, en rendant hommage à la sincérité et au mérite de lord Herbert, il oppose à ses doctrines des observations sensées. Il remarque d'abord que le symbole des cinq articles n'a été adopté par aucune nation, ce qui porte atteinte à son universalité et, sous quelques rapports, à sa certitude. Puis il insiste sur l'insuffisance de la philosophie pour remplacer toute religion civile ou sacerdotale.

Cet argument, plus politique peut-être que théologique, a toujours eu, en Angleterre surtout, une réelle puissance ; et Leland réussit mieux à le développer qu'à démontrer la parfaite compatibilité de l'existence d'une religion-particulière avec l'universalité de la bonté de Dieu. C'est le troi-

---

[1] *A View of the principal deistical writers that have appeared in England in the last and present century*, by John Leland. Lond., 1798. Leland, né en 1694, est mort en 1766.

sième point qu'il s'efforce d'établir contre lord Herbert par les raisonnements ordinaires de la théologie. Enfin, il se prévaut fort à propos du naïf enthousiasme d'un philosophe déiste qui s'est cru l'objet d'une vocation surnaturelle, et qui, guidé par un signe qu'il n'ose même définir, entreprend de déprécier l'autorité du coup miraculeux qui terrassa et persuada Paul sur la route de Jérusalem à Damas.

Nul de ceux qui se sont occupés de lord Herbert n'en a parlé sans estime; quelques uns l'ont comblé d'éloges. Ben Jonson lui décerne toutes les vertus ; Howell lui promet l'immortalité dans trois stances où il l'appelle « le lord de la métaphysique [1] ; » Horace Walpole, qui estimait peu cette seigneurie-là, lui reconnaît un cœur martial et une profonde intelligence [2]. Ceux-mêmes qui l'ont réfuté lui ont rendu souvent hommage. Cependant

[1] « This metaphysick lord. » John Howell, *Raigne of Henry VIII*, init.
[2] *Catal. of the nobl. authors*, t. I; p. 215.

il ne paîrta pas qu'il ait exercé une grande autorité en philosophie, et plusieurs de ceux qui ont marché dans sa voie n'avouent point qu'il ait été leur guide. Il a eu des imitateurs plutôt que des disciples. On ne saurait croire cependant qu'il ait été sans aucune influence sur Cudworth, qui, en s'écartant moins de l'orthodoxie, semble le répéter dans ses jugements sur les croyances de l'antiquité, dans sa doctrine de l'immutabilité de la morale. L'imitation ou la ressemblance est plus sensible encore chez lord Shaftesbury, qui, avec des formes plus élégantes et plus apprêtées, a reproduit son indépendance, sa foi dans le sens commun, dans la bonté intellectuelle de l'humanité, dans l'empire assuré, quoique tardif, de la raison et de l'honnêteté.

Par lord Shaftesbury, Herbert semble toucher à Hutcheson, et par Hutcheson aux philosophes de Glasgow et d'Édimbourg. Aussi ne saurions-nous nous repentir d'avoir insisté sur ses opinions et sa biographie avec plus de détails et de complaisance qu'on ne l'avait fait avant nous. Si, pour se conformer à l'usage, on admet que toute philosophie dans la Grande-Bretagne relève de Bacon, il faut supposer que la méthode de l'observation a produit deux écoles : l'une qui dans l'âme humaine subordonne tout à l'expérience, et dont Hobbes est le représentant le plus violent, Locke le plus noble maître ; l'autre qui, par des recherches plus ou moins analogues à celles de Descartes, a su trouver dans la raison des principes supérieurs à l'observation et à l'expérience même. Herbert est une des lumières de cette seconde école. S'il continue Bacon, il le corrige, en relevant la psychologie et par elle la métaphysique d'une injuste déchéance. Sous ce point de vue, Hallam a pu dire avec raison : « Lord Herbert peut être considéré comme le premier métaphysicien qu'ait eu l'Angleterre. » comme au point de vue des controverses religieuses, Leland a dit de lui qu'il était le plus éminent des écrivains déistes. Coleridge, sévère en général pour toute philosophie qui lui paraît liée au mouvement théologique de l'école latitudinaire dont le berceau fut l'université de Cambridge, reproche à cette école d'avoir manqué d'une doctrine métaphysique qui fût comme une *préinquisition de l'âme humaine*; mais il reconnaît que lord Herbert était à l'entrée, et descendit même de quelques pas dans le puits de cette mine, mais qu'il revint brusquement en arrière et laissa le soin d'établir cette *propédeutique* à toute philosophie à Kant dont le séparaient plus de deux siècles [1]. « Sur les questions purement philosophiques, dit M. Morell, peu d'hommes, comme penseurs indépendants et dénués de secours, ont approché d'aussi près la vérité sur quelques-uns des points les plus importants que le philosophe de Cherbury [2]. » Ces suffrages autorisent le nôtre, et nous sommes justifié d'avoir jugé avec le plus

---

[1] *Liter. Remains of Sam. Coleridge*, t. III, p. 415.
[2] *Hist. and crit. view*, etc., t. I, part. I, sect. II, p. 197.

grand des derniers métaphysiciens de l'Écosse[1] qu' « il était en vérité surprenant que les spéculations d'un penseur aussi habile et aussi original, et d'un homme si remarquable d'ailleurs eussent échappé à l'observation de ceux de ses compatriotes qui ont après lui philosophé dans le même esprit. »

[1] Hamilton, *Reid's Works*, note A, § 6, p. 781.

FIN

TABLE

Préface.   ɪ

CHAPITRE PREMIER.

Lord Herbert de Cherbury. — Sa vie.   1

CHAPITRE II.

Lord Herbert de Cherbury. — Sa doctrine.   121

CHAPITRE III.

Lord Herbert de Cherbury. — Examen de sa philosophie.   213

PUBLICATIONS DE LA LIBRAIRIE ACADÉMIQUE DIDIER ET Cie

RÉMUSAT (CH. DE)
Saint Anselme de Cantorbéry. 2e édition. 1 volume . . . . . . 3 fr. 50
Bacon. Sa vie, son temps et sa philosophie. 2e édit. 1 vol. . . . . 3 fr. 50
L'Angleterre au XVIIIe siècle. Études et Portraits. 2 vol. . . . 7 fr. »
Critiques et Études littéraires. Nouv. édition. 2 vol. . . . . . 7 fr. »

★ ★ ★
Channing. Sa vie et ses œuvres. Étude, précédée d'une préface de M. DE RÉMUSAT. 1 vol. . . . . 3 fr. 50

FRANCK (AD.)
Philosophie et Religion. 2e édit. 1 vol. . . . . 3 fr. 50
Moralistes et Philosophes. 1 vol. in-8. . . . . 7 fr. 50

SAISSET (É.)
Descartes, ses Précurseurs, ses Disciples. 2e édition. 1 vol. 3 fr. 50
Le Scepticisme. Ænésidème, Pascal, Kant, etc. 2e édit. 1 vol. 3 fr. 50

LITTRÉ
La Science au point de vue philosophique. 3e édit. 1 fort vol. 4 fr. »
Médecine et médecins. 2e édit. 1 vol. . . . . 4 fr. »
Histoire de la langue française. 6e édit. 2 vol. . . . . . . 7 fr. »
Études sur les Barbares et le moyen âge. 2e édit. 1 vol. . . 3 fr. 50

MAX MULLER
Essais sur la mythologie comparée, etc. 2e édit. 1 vol. . . . 4 fr. »
Essais sur l'Histoire des religions. 2e édit. 1 vol. . . . . . 4 fr. »

LÉLUT
Physiologie de la pensée. Nouv. édition. 2 vol. in-12. . . . . 7 fr. »

LEMOINE (ALBERT)
L'Ame et le Corps. Études de philosophie morale et naturelle. 1 v. 3 fr. 50
L'Aliéné devant la philosophie, la morale et la société. 2e édit. 1 v. 3 fr. 50

Dr MARY
Le Christianisme et le Libre Examen. Discussion critique des arguments apologétiques. 2e édition. 2 vol. . . . . 7 fr. »

MICHAUD (L'ABBÉ)
Guillaume de Champeaux et les écoles de Paris au XIIe siècle. 2e édition. 1 volume. . . . . 3 fr. 50

MATTER
Le Mysticisme au temps de Fénelon. 2e édit. 1 vol. . . . . 3 fr. 50
Saint-Martin, le Philosophe inconnu, etc. 2e édit. 1 vol. . . . 3 fr. 50
Swedenborg, sa vie, sa doctrine, etc. 2e édition. 1 vol. . . . 3 fr. 50

BERSOT (ERN.)
Morale et politique. 2e édit. 1 vol. . . . . 3 fr. 50
Essais de philosophie et de morale. 2e édit. 2 vol. . . . . . 7 fr. »

BERTAULD
La Liberté civile. Nouvelles études sur les publicistes. 2e éd. 1 v. 3 fr. 50

www.ingramcontent.com/pod-product-compliance
Lightning Source LLC
Chambersburg PA
CBHW071329150426
43191CB00007B/676